konstant & erfolgreich daytraden

DEIN Tradingplan!

Handelsansätze, Tradeverwaltung, Risikokontrolle

Mit Struktur und Disziplin Selbstsabotage vermeiden

von Tamash Trader

2. erweiterte Auflage, 2016

ISBN: 9781519685148

mein Dank ... geht an Tank!

Inhaltsverzeichnis

Einleitung	*1*
Konstitution	*3*
Welche Voraussetzungen bringst Du ein?	3
Zieldefinition	6
Tradingansatz	8
abgeleitete Handelsgrundsätze	*9*
meine Herangehensweise an den Markt allgemein	9
Handelsvorbereitung	11
Mein Trading-System	*12*
Basiskonzept A (für den 5-Minuten-Chart)	12
Basiskonzept B (für das übergeordnete Bild im Stundenchart)	18
Abgeleitetes Haupt-Setup	22
Nebensetup Eröffnungsstrategie	23
Gehandelte Märkte	25
Gehandelte Zeitrahmen	25
Risikomanagement/ Moneymanagement/ Positionsgrößen	25
Zielgrößen, Profitabilität	28
Trading – ergänzende Aspekte und Tradeverwaltung	*29*
Tradingidee/Positionierung/Timing	29
Entry	29
Exit-Plan und Stopp-Technik	30
Qualitätssicherung und Nachbereitung	*32*
Regelabweichungen, Systemänderungen, Weiterentwicklung	32
Dokumentation und Tradingtagebuch	32
Anhang 1 (Beispiel Checklist zur Tradeverwaltung)	*34*
Anhang 2 (Bücherkanon)	*36*
Anhang 3 (Wort zum Sonntag – Deine mentale Fitness)	*39*
Schlussworte/ Disclaimer	*45*

Einleitung

Darf ich annehmen, dass Du einigermaßen dringend Orientierung suchst? Halt im Haifischbecken? Du hast bereits eine Unmenge Bücher und Lehrvideos in Dich reingefressen, in denen es immer ganz leicht ist, ein Meistertrader zu sein? Du hast verschiedene Tradingansätze ausprobiert und bist trotzdem weit weg von Profitabilität?

Vielleicht hast Du Deinen Account erneut auf Null gebombt? Wenn Du hineingehst in den Trade, dann dreht der Trend gegen Dich. Die Stopps sind im Nachhinein immer zu knapp und werden vom „bösen Broker abgefischt", bevor es dann doch in die von Dir angedachte Richtung dreht? News? Fundamentals? Chartanalyse? Long? Short? Du hetzt hinterher und Deine Familie und Deine Freunde machen sich massiv Sorgen? Du vereinsamst? Wirst belächelt? Zweifelst an Dir und magst den Typen im Spiegel nicht mehr anschauen? Dabei könnte es so einfach sein. Weil Du tief drinnen in Dir spürst, dass Du „das können kannst".

Wenn Du Dich ungefähr wiederentdeckst – dann bist Du mit diesem Büchlein vielleicht richtig bedient. Denn ich habe diesen ganzen Frust ebenfalls jahrelang durchlebt. Es ist nun einmal so: die meisten Ratgeber/Bücher sind von angeblichen oder echten Meistertradern für Meisterschüler geschrieben worden. Aber für Otto Normaltrader ist es oft schwer, aus den hingeschmissenden Brocken eine konsistente Tradingmethode abzuleiten. Ich konnte jedenfalls nur sehr selten zusammenhängende Handlungsanleitungen finden, die auch in der Praxis nachzuverfolgen waren. Erfahrene Trader in meinem Umfeld gab/gibt es nicht. Die Vielzahl der angebotenen Seminare oder Coachings war verwirrend – wie soll man die Scharlatane von den Profis unterscheiden und den richtigen Mentor finden, der zu einem passt.

Wo also ist der Schlüssel?
Willkommen in meiner Welt des Tradings. Nur sehr wenige Trader befolgen einen niedergeschriebenen Tradingplan. Weil das natürlich langweilig und sperrig ist und weil man sich dann daran halten müßte und dies behindert ungemein – wie soll man noch flexibel auf sich bietende Chancen reagieren...

Bullshit! Ein Tradingplan! Glaub es! Genau das ist der Schlüssel! Oder Du verzettelst Dich im Universum unbegrenzter Möglichkeiten. Mit einem klaren, aufgeschriebenen Plan begibst Du Dich auf die andere Seite. Und ja – Du verpasst dann auch jede Menge toller Chancen und wahrscheinlich auch die ganz, ganz großen Moves. Aber es kehrt Ruhe ein. Und Kontinuität. Reproduzierbarkeit. Etwas mehr Sicherheit. Zufriedenheit. Zeit.

Was bekommst Du von mir? Ich werde Dir nachfolgend meinen eigenen Tradingplan nebst Kommentaren aufschreiben, so wie ich ihn selber gerne rechtzeitig als Beispiel zur eigenen Orientierung im web gefunden und gelesen hätte. Zur rechten Zeit, um mir eine Menge Mühen und Fehler und Leid zu ersparen. Es wird darum gehen, wie ich meinen Tradingansatz definiere, was ich tue und was ich lasse. So präzise wie möglich und fast ohne nebulöses Zeug. Die Tradingansätze in meinem Plan sind simpel. Wir verhandeln hier keine Raketentechnologie. Ich gehe nicht auf alle Grundlagen-Details ein, weil ich annehme, dass Du es einfach einmal von vorn bis hinten durchexerziert sehen möchtest. Und weil Du die Grundlagen woanders googlen kannst; weil die Grundlagen längst kennst oder diese sich Dir aus dem Zusammenhang eh besser erschliessen.

Es wird andere Tradingansätze geben, die Dir vielleicht sogar mehr zusagen. Aber das hier ist tatsächlich meiner und er ist komplett. Für ein (Über-)Leben als „normaler" Trader. Diesen Plan nimmst Du als Beispiel und <u>passt ihn an Deine Bedürfnisse</u> an. So einfach ist das.

Machst Du mit? Laß uns Dein angehäuftes Fach- und Halbwissen in einen Plan giessen. In eine Bibel, die Du befolgst. Ein Korsett aus Regeln und Struktur. Laß uns die Fehler, die natürlich auch aus solch einem festen Korsett zwangsläufig erwachsen, zur Kenntnis nehmen und als „Betriebskosten" abbuchen. Die Tradinggewinne werden der Umsatz sein und jeder weiß aber, dass man auch Kosten hat. Das sind dann die Verluste beim Trading. Das ist normal und kein big deal, solange Du nicht zulässt, dass diese Verluste immer größer werden. Los nun! Bekomm endlich Deinen Hintern hoch! Raus aus Deiner Panik; raus aus Deiner Agonie oder Verzweiflung! Weg mit der Selbstsabotage.

Versuche es von nun an mit Struktur und Disziplin (und mit etwas wishfull thinking)! Verzichte auf den einen, ganz großen Wurf und führe mit ein wenig Demut und Leidenschaft das Leben eines Erbsenzähler.

Konstitution

Leg Deine Gliederung fest! Jetzt gleich. Meine (ggf. solltest Du noch einmal kurz zurückblättern zum Anfang/Inhaltsverzeichnis) arbeite ich nun nachfolgend beispielhaft ab. Und schon sind wir mittendrin.

Welcher Tradingtyp bist Du? Welche Voraussetzungen bringst Du ein?

Hier beschreibst Du jetzt am Besten gleich, was Dir so alles über Dich selber klar geworden ist in der letzten Zeit. Hin und wieder schaust Du nach und ergänzt es. Ja! Na klar muß das sein. Weil Du davon ausgehend einen zu Dir passenden Tradinganansatz entwickeln musst. Also etwas, das zu Dir passt. Übertreibe es aber auch nicht mit der Selbstkritik.
Unter dem Strich wollen wir uns ja nach vorne bewegen. Im Folgenden mein eigener Text. Die Macken habe ich z.T. bis heute nicht ganz abgelegt; aber sie sind dank des Tradingplanes nun einigermaßen unter Kontrolle ;-)

Mein Hauptproblem ist die Selbstsabotage. Wenn ich trade, dann passiert mit mir eine eigenartige Wandlung. Eine Teilung. Ich beobachte mich selbst wie eine zweite Person im Raum und ich bin fassungslos. Was sehe ich? Nun, ich bin wohl gleichzeitig ein ängstlicher und ein gieriger Trader. Das typische Fischfutter fur die Profis und Haie an den Märkten also. Das ewig naive Greenhorn mit immer denselben Fehlern. Ich gebe oft und in einem gewissen Endlosschema die Gewinne von 1 oder 2 Monaten harter, ehrlicher Tradingarbeit an einem oder 2 schwarzen Tagen wieder ab, nur weil ich dann jedes Maß für die Risiken verliere, viel zu große Positionen trade und diese nicht schließe, wenn sie gegen mich laufen.

Und weil ich immer neue Trades hinterher schicke, die natürlich dann von Wut und Panik getrieben sind und nicht aus einer nüchternen Analyse heraus entstehen (Geht's Dir ähnlich? Aber Du willst nun immerhin endlich auch auf die andere Seite! Besser spät als nie).

Ich kann es nicht ertragen, wenn unrealisierte Gewinne wieder wegschmelzen. Gegen mich laufende Positionen machen mir Magenschmerzen. Ich erhöhe bei Verlusten den Einsatz voll Hoffnung und nehme auf der anderen Seite die Gewinne aus Angst zu schnell mit (andersherum wärs ehrlich gesagt sinnvoller). Und: Ich neige vor dem Trade zu völlig unrealistischen Profit-Zielen, bezogen auf den aktuell betrachteten Hauptzeitrahmen.

Ich habe Jahre damit verbracht, den Heiligen Gral zu finden, DIE geheime Indikatorenkombi, DIE Weltformel, welche den Dax oder was auch immer steuert. Ich habe mit Blick auf die Marktentwicklung über Chaostheorie gelesen und ernsthaft über Parallelen zwischen Zigarettenrauchkringeln und den Daxbewegungen geforscht (darauf kann ich jetzt echt nicht weiter eingehen, aber es war ein „vielversprechender Ansatz“ ☺) … und zig andere sinnvolle und sinnfreie Dinge ausprobiert, die eine Abkürzung zum schönen Geld bringen sollten. Elende Nächte – monatelang, Jahre … - habe ich neue Indikatoren probiert und in Chartingtools herumgefrickelt.

Ich wollte eine Art Unfehlbarkeit hinsichtlich meiner Prognosefähigkeit der zukünftigen Entwicklungsrichtung… und so weiter - und „genau deshalb“ versetze ich initial Stopps nachträglich sehr gerne weiter weg und reite mich in die Grütze, weil der Kurs eben nicht rechtzeitig wieder dreht. Oder ich lasse den Stopp einfach mal ganz weg, weil ich schon so oft knapp ausgestoppt wurde. Oder ich verdreifache die Position, weil ich die Verluste ja „schnell wieder ausgleichen muß“… in Panik.

Oder ich schaue mir selbst fassungslos zu, wie ich auf einen weit gelaufenen, starken Move noch aufspringe. Ich weiß, dass es gleich gegen mich drehen muß (denn das hat es bislang noch immer getan) aber der andere in mir sitzt bräsig da in seinem Sessel und drückt die Entertaste…

Ehrlich gesagt, neige ich zu allem Übel auch noch dazu, mich <u>während</u> des Tradings abzulenken. Vorzugsweise im internet in allen seinen Winkeln. Sollte Dir auch das bekannt vorkommen…? Dann: BEENDE besonders DAS! Traden ist ein Business in dem Du verfüttert wirst, wenn Du nebenbei herumsurfst in sozialen Netzwerken oder wo auch immer!

Ich nenne das alles Selbstsabotage. Es ist kein Gequatsche (und es wird vor allem viel dummes Zeug über das Traden gequatscht), wenn es heißt, dass es beim Traden vor allem um die mentale Fitness geht!

So kann es natürlich nicht weitergehen. Und das muß es auch nicht. Schauen wir mal nach dem Licht am Ende des Tunnels (nach den Stärken; die solltest Du nun also auch herausarbeiten). Anbei wieder mein Beispieltext:

Ich habe Stärken entwickelt hinsichtlich Geduld und Zähigkeit. Ich habe mehrere Jahre Erfolglosigkeit durchgehalten und ich benötige keine Riesen-Gewinne, um mich gut zu fühlen. Ich traue mir stattdessen zu, dass ich eine Methode oder ein System auch in schwierigen Marktphasen befolgen kann, wenn ich einmal von seiner Sinnhaftigkeit überzeugt bin (DAS ist allerdings lange das Problem gewesen: meine ganzen Ansätze haben ewig nicht den „proof of concept" - also den Beweis, dass es funktioniert - erbracht. Bis ich es endlich konsistent aufgeschrieben habe).

Ich bin außerdem relativ gut vertraut mit den Grundlagen der technischen Analyse oder mit einer Reihe von Indikatoren (keine Sorge: weniger ist hier deutlich mehr!) sowie mit einigen Handelsplattformen und Chartingtools – was nach all der Zeit der unsteten Suche ja auch kein Wunder ist. Ich habe mich selbst und selbständig durch eine Unmenge von Literatur und Ansätzen gequält und ich habe nicht nur papertrading gemacht, sondern reales Geld versenkt beim Ausprobieren dieser Ansätze! Viel reales Geld.

Insofern kenne ich die Gefahren des Marktes und die Auswirkungen von Gier, Angst, Hoffnung usw. auf meine Psyche inzwischen eigentlich ganz gut und ich lasse mich daher nicht unbedingt wie am ersten Tag von unerwarteten Entwicklungen völlig fertigmachen. Ich glaube, dass ich nicht mehr jedem neuen Tradinggott bedingungslos folgen würde...

Ich habe für den Fall des „proof of concepts" meines Tradingsystems im Zweifel sogar die Möglichkeit, meinen Account entsprechend aufzustocken, um höhere Erlöse zu erzielen. Aus Gründen der Vorsicht war ich bislang nicht „all in". Diese Vorsicht in finanzieller Hinsicht betrachte ich ebenfalls als charakterliche Stärke (klar kann einem dies auch als zögerlich angekreidet werden. Es ist immer eine Frage des Blickwinkels).

So oder so ähnlich könntest Du ja nun auch mal anfangen, Deine Stärken und Schwächen aufzuschreiben. Ich denke, bislang liest Du das Büchlein nur auf der Wohlfühlcouch oder? Hey – das ist aber zum Mitmachen gedacht hier. Beweg Dich; Stichworte genügen zunächst.

Hm. So oder so ähnlich wird Dein Text dann am Ende vielleicht auch aussehen oder? Aber in Summe klingt das doch eigentlich gar nicht so schlecht. Dann will ich es einfach noch mal zu Dir und zu mir selber sagen: „Ehh, Du kannst ein guter Trader werden. Vielleicht nicht der TopPerformer. Aber solide über dem Durchschnitt. Dauerhaft. Geschätzte 90% der Typen haben nicht einmal einen Tradingplan. Du jetzt bald schon! Glaub an Dich! Bekomme jetzt nur endlich Deinen Hintern hoch und mach das. Jeden Tag."

Aber was willst Du eigentlich mit dem Traden erreichen? Und wie willst Du es erreichen.

Zieldefinition

Ich jedenfalls möchte zur Minderheit der 5-10% Trader gehören, die dauerhaft profitabel traden. Ich möchte eine reproduzierbare Methode, mit der ich kontinuierlich mehr Gewinne als Verluste erwirtschaften kann. Unaufgeregt. Unspektakulär. Aber dauerhaft. Das Konzept soll schlicht sein. Nicht zu viele Schnörkel. Unabhängig vom Markt und unabhängig von Systemanbietern/Software etc. anwendbar. Es soll mir wenig Raum für Regelauslegungen bieten. Das Risiko pro einzelnem Trade soll eher gering sein. Das Trading soll mich zeitlich und mental nicht überfordern – vielmehr benötige ich noch genügend Zeit für andere Verpflichtungen/Interessen. Ich möchte meine gefühlte Abhängigkeit vom „Geld-verdienen-müssen" zeitnah mildern und den Grad der persönlichen Dispositionsfreiheit für mich und meine Familie spürbar und dauerhaft erhöhen.

Ich möchte als Fernziel - außer für mich selbst - auch meiner Frau teilweise oder ganz ermöglichen, Ihre Arbeit sausen zu lassen (zumindest als Möglichkeit). Weil sich das äußerst cool auf unsere Familiensituation auswirken würde und damit insbesondere mir selbst zusätzliche Freiheitsgrade und

Annehmlichkeiten bringen würde. (Eine schöne Vorstellung ;-)). Ich möchte öfter auf Reisen gehen mit und ohne Familie; Sprachen lernen, Museen besuchen, auf Balkonen sitzen und aufs Meer schauen. Auf Flüsse. Auf Wälder.

Ich möchte aber ehrlich gesagt auch das Traden um seiner Selbst willen betreiben. Nicht nur als Mittel zum Lebensunterhalt, sondern weil ich spüre, dass es mir viel über mich selbst erzählen kann und weil es mich nicht mehr losläßt. Ich möchte mit Hilfe des Tradings mehr über das „Universum und den ganzen Rest" nachdenken (Die Antwort auf alle Fragen ist ja „42", wie Kenner des Buches: „per Anhalter durch die Galaxis" gern bestätigen werden). Über das Werden und Vergehen/hoch und runter. Ich möchte kontinuierlich weiter lernen und mich verbessern und ein entspannter, zufriedenerer Mensch werden, der weiß, was er kann. Der weiß, dass er traden kann!

Die Mehrzahl der Leser hat die letzten Seiten natürlich genervt überblättert. Wann geht's endlich los; schon klar. Aber: Lies DU hier nicht einfach weiter! Die Fragestellung, was Du mit Deinem Trading erreichen willst, halte ich für zentral. Geht es „nur" um das schnelle Geld und hast Du eigentlich ganz andere Interessen, dann wird es - glaub ich - nix mit einem profitablen Trading. Jedenfalls nicht dauerhaft. Selbstverständlich darfst Du und sollst Du auch Ziele außerhalb des Tradens haben – es ist ganz hilfreich, wenn Du mit Familie oder im realen Leben geerdet bist und allerlei Erfahrungen hast – egal ob Dich Deine Reisen durch die ganze Welt oder durch vieler Leute Köpfe und Bilderwelten führten. Du musst Dir aber dennoch auch darüber klar werden, ob es auch das Traden selbst ist, welches Dich fasziniert. Der Mechanismus, nach dem die Welt tickt. The hidden engine oder was immer.

Wie auch immer. Du musst für Dich ein eigenes Zielsystem definieren, denn davon hängt ja ab, wie Du es angehst (Zeitrahmen, Märkte, Handelsansatz usw.). Deshalb los! Welche Ziele hast Du denn? Schreibe es auf. Jetzt! Danach kannst Du – ausgehend von den Zielen Deinen spezifischen Tradingansatz entwickeln.

Tradingansatz

Tradingfehler identifizieren und eliminieren

Aus psychologischer Sicht soll man gute Vorsätze natürlich nicht so negativ beschreiben, wie ich es hier an meinem Beispiel dargestellt habe. In meinem Fall hilft es aber mehr, wenn ich schonungslos das ganze Instrumentarium der Selbstsabotage einmal offenlege.

Ich habe es in den letzten Jahren mit unterschiedlichen Ansätzen versucht und dabei jede Menge Trades versemmelt. Folgende Hauptfehler möchte ich in Zukunft auf keinen Fall mehr machen (wird schwer und die Einhaltung der guten Vorsätze ist ein täglicher Kampf):

- den initial stopp nachträglich weiter weg setzen (Risiko erhöhen),
- auf den initial stopp ganz verzichten (Totalverlustrisiko),
- Traden ohne Vorbereitung (planloses Gediller, weil gerade Zeit und noch Geld auf dem Konto ist etc.),
- nach einem Einstieg auf DEN Riesen-Move warten und deshalb rechtzeitige, profitable Exits verpassen,
- nach Einstieg Uminterpretation des Zeithorizonts, um den Trade nicht verloren geben zu müssen,
- verspäteter Aufsprung auf den bereits weit gelaufenen Move,
- Kein Tradingziel gesetzt haben,
- nach Gewinn oder Verlust zu schnell und unvorbereitet in den nächsten Trade springen (sehr gefährlich bei mir),
- kein Plan für den Trade haben (gilt für Einstieg, Tradeverwaltung/ Stopverwaltung und Exit),
- kein Trading-Tagebuch führen,
- zu viele Tradingansätze oder Märkte gleichzeitig verfolgen,
- zu schnell meinen Tradingansatz für eine neue Idee umstoßen (fehlende Konsistenz),
- generell Recht behalten wollen und mich auf eine Marktrichtung versteifen,
- eine heiße News traden,
- mich vom Internet, einem Telefonat oder schlechten Gewohnheiten ablenken lassen,
- auch bei Trades in höheren Zeitebenen permanent auf den Chart starren und mit den Füßen scharren.

Direktive: Sollte ich bei einem laufenden Trade einen der oben dargestellten Fehler (auch nachträglich) feststellen, so muß ich diesen Trade kompromisslos beenden – auch wenn dies ggf. Verluste mit sich bringt. Es ist aber wichtig, diese Fehler generell auszumerzen, weil ich sonst auf ewig nicht vorankommen werde (hinter die Ohren schreiben).

Darauf kommt es nun an. Glaub es oder nicht – diese Verbote sind Teil Deines Tradingplanes und sie werden Dir helfen, extreme Verluste zu vermeiden.

Wenn Du es für Dich auch so oder ähnlich aufschreibst, dann hast Du einen Vertrag mit Dir. An den Du Dich halten musst.

Abgeleitete Handelsgrundsätze

meine Herangehensweise an den Markt allgemein

Unterm Strich geht es mir um technisch orientiertes Trading des aktuellen Bewegungsschwunges! Das heißt, ich mag die gegen mich laufenden Korrekturen i.d.R. nicht aussitzen. Ich bin kurzfristig orientiert. Intraday. Wenige Minuten bis Stunden. Ich behalte also nur in Ausnahmefällen eine Position über Nacht/mehrere Tage. Und ich will es simpel. (noch einmal: ich habe eine Menge komplizierter Ansätze probiert und sicherlich sind einige davon ganz toll. Nur haben sie eben für mich nicht funktioniert.).

Wie gehe ich nun also an den Markt heran:

1) Ich glaube an ständige Wellenbewegungen im Auf und Ab der gehandelten Märkte und an den Wechsel der Volatilitäten. Es geht so gut wie niemals glatt hoch oder nur runter. Trendlose Marktphasen wechseln mit Trendphasen ab und vice versa. Niedrige Volatilität wechselt mit starker Volatilität. Aber immer, auch innerhalb einer trendlosen Phase (= Seitwärtsmarkt = Schiebezone), bewegt sich der Kurs in Wellen auf und ab.

2) Von diesen Wellenbewegungen will ich ein Stück abhaben. Ich will mein Stück vom Kuchen schnell; dafür muß es auch nur jeweils ein kleines Stück sein. Am Beispiel des DAX: 10 bis 30 Punkte sind das Ziel pro Trade. 5 Punkte sind zur Not auch ganz schön. 50 Punkte pro Trade sind in meinem System schon

Wahnsinn. 90 Punkte sind der jackpot. Ich denke Du hast die Botschaft kapiert, oder? ☺

3) Ich arbeite beim eigentlichen Trading mit 3 verschiedenen Zeitrahmen. Den Stundenchart (und dazu natürlich ergänzend vorbereitend morgens immer den Tageschart, den ich in der weiteren Betrachtung hier aber vernachlässige) betrachte ich vor Beginn meiner Handelszeit im Hinblick auf den allgemeinen Trend, Widerstände und Unterstützungen. In der Tradingsitzung fokussiere ich dann auf den 5-Minuten-Chart als Hauptzeitrahmen und ggf. den 30-Sekunden-Chart für Timing, Einstieg, Stoppverwaltung.

4) Generell gilt: Ich suche in Stundenchart - Trends einen Einstieg innerhalb einer Korrektur. Mithilfe der Heikin-Ashi-Darstellung im 5-Minuten-Chart identifiziere ich möglichst harmonische Schwünge der Kursbewegung, weil ich GENERELL AM WAHRSCHEINLICHEN ENDE EINER Korrektur in die Trendrichtung einen Einstieg suche. Dies gilt eingeschränkt auch für Seitwärtsmärkte: die „Welle" mit dem aktuellen Kurs im Stundenchart soll möglichst weit gelaufen sein, bevor ich mich in die Gegenrichtung positioniere.
Mit der fälligen Gegen-Welle surfe ich dann ein Stück in entgegen gesetzter Richtung. Jedoch nur, wenn das Gesamtbild im übergeordneten Stunden-Chart nicht entgegen spricht.
Hintergrund dieses Ansatzes: sollte ich falsch herum liegen und die Bewegung der aktuellen Welle läuft noch gegen mich weiter, komme ich ggf. bei einer später einsetzenden Korrekturwelle noch wieder mit einem blauen Auge aus dem Trade. Diese Strategie fühlt sich für mich zumindest besser an als beispielsweise der Einstieg an neuen Hochs oder Tiefs im Stundenchart.

<u>Nochmal</u>: Ich habe kein Interesse an erratischen Kursausschlägen sondern versuche mittels der klaren Strukturen in Heikin-Ashi-Charts, möglichst harmonische „Swings" vorauszuahnen. Sind im Heikin-Ashi-Chart keine Schwünge zu erkennen (z.B. ständige Farbwechsel der Kerzen), dann muß das Traden unterbleiben!

<u>Hinweis:</u> eine Candlestick-Darstellung KANN ergänzend die möglichen exakten Swing-Umkehrpunkte genauer aufzeigen. Diese Umkehrpunkte bei Swing-Hochs oder Swing-Tiefs sind gekennzeichnet durch eine abgeschlossene Umkehrformation

(im wesentlichen pin-bar, railroad-track, tail, engulfing pattern, dark cloud cover etc.) Der Candlestick-Chart ist für mein Trading aber nicht unbedingt erforderlich, weil sich die Einstiege auch aus dem Heikin-Ashi-Chart ableiten lassen (z.B. Einstieg in die erste Umkehrkerze mit Farbwechsel hinein) und hier die harmonischen Wellen besser herausgearbeitet sind.

5) Ich plotte in allen Charts jeweils SMA(14), SMA(50) und SMA(200). Ich benutze ferner Beschleunigungslinien (dazu später mehr). Andere Indikatoren setze ich nur sehr selektiv und als Filter unterstützend ein: ATR(14) und Slow Stochastic (14).

Handelsvorbereitung

1) Ich handele nicht, wenn ich mich nicht am Vorabend oder frühen Morgen auf den Tradingtag vorbereitet habe (Hauptzeitrahmen 5 Minuten und übergeordnete Charts 1 Stunde und Tageschart)! Zeitbudget dafür: etwa eine halbe Stunde.

2) Ich handele nicht, wenn ich mich nicht gut fühle oder wenn ich aufgrund äußerer Einflüsse (Familie, Termine) keine Ruhe haben werde.

3) Zur Vorbereitung durchsuche ich die Tagescharts und Stundencharts der von mir beobachteten Märkte nach wichtigen Unterstützungen und Widerständen (alte Hochs/Tiefs, Trendlinien, Beschleunigungslinien etc.). Sobald ich das Hauptfenster somit in den 5 Min-Chart umschalte, sehe ich in diesem Fenster also die wichtigen Bereiche (Unterstützunge/Widerstände) aus den übergeordneten Zeitebenen. Zwischen diesen Linien ist i.d.R. ausreichend Platz. Hier wird sich das eigentliche Traden abspielen. Diese Vorbereitung mit der Identifizierung der wichtigen Bereiche (Widerstände, Unterstützungen) ist existenziell für meinen Tradingansatz! Mehr dazu später.

4) Sobald ich im übergeordeten Zeitrahmen (bei mir: Stundenchart) unter Berücksichtigung der Markttechnik/Dow Theorie eine Vorstellung für die Marktphase habe, versuche ich unter Gesichtspunkten der technischen Analyse (insbesondere frühere Hochs/Tiefs, Widerstände/Unterstützungen/

Schiebezohnen/ Trendlinien, SMA200, Fibo-Level, ausgewählte Chartmuster usw.) abzuschätzen, ob und wo eine aktuell laufende Korrekturbewegung drehen KÖNNTE mit dem Ziel, dann ggf. Einstiegssetups zu finden. Ebenso wird abgeschätzt, wie weit ein neuer Schub (sofern er zustande kommt) aus technischer Sicht laufen könnte (wo ist mit Widerstand gegen die neue Bewegung in Trendrichtung zu rechnen, usw.?).

5) Sofern ein Markt nach den dargestellten allgemeinen Betrachtungen spannend für den Handel ist, kommt er unter „Beobachtung" mit dem Ziel, ein Setup für den Einstieg zu finden.

Mein Trading-System

Hauptproblem vieler Trader ist es festzulegen, in welcher Grundrichtung der Markt unterwegs ist/sein wird und wann er (und wie lange) er sich im Trend befindet bzw. wann der Trader traden soll und wann er die Füße stillhalten muß. Und – seien wir ehrlich – es wird auch immer ein Hauptproblem bleiben und man wird weiterhin manchmal völlig auf dem falschen Fuß erwischt werden.

Es gibt bei mir zum Thema 2 miteinander verwobene Basiskonzepte für die Herangehensweise an den Markt und die Einschätzung der Trading-Hauptrichtung. Warum zwei Konzepte? Führt das nicht zur Verwirrung? Ja. Stimmt. Aber ich konnte mich nicht entscheiden. ☹ Beide Konzepte sind von betörender Einfachheit und würden auch einzeln gut funktionieren. Weil es mir aber weh tut, eines zu Gunsten des anderen aufzugeben und weil ich kompliziert bin, habe ich nach Wegen gesucht, die beiden Konzepte miteinander zu verbinden. Dies klingt doof – und ist es auch. Aber hey - ich habe ja versprochen, dass Du hier mein wirkliches Tradingsystem bekommst. Also kompliziert? Nein Quatsch mit Soße. Wir machen ja keine Raketentechnologie.

Basiskonzept A (für den 5-Minuten-Chart)

Long oder short? Wie wäre es zunächst, wenn Du immer gleich wüsstest, ob Du gerade long oder short gehen sollst bzw. darfst? Es gibt dazu das mächtige Konzept der „Buy-Sell-Line" (ich verweise unter anderem auf Steven Primo: „How to trade Eminis"). Dieses Konzept habe ich für mich abgewandelt wie folgt:

Plotte Dir in den Hauptbetrachtungschart (das sind bei mir 5 min) jeweils einen SMA200, SMA50 und einen SMA14. Wenn der SMA14 über dem SMA50 liegt, suche nur Long – Einstiege. Wenn der SMA14 unter dem SMA50 liegt, suche nur short Einstiege.

Anbei ein entsprechender 5-Minuten Chart (Abb. 1):

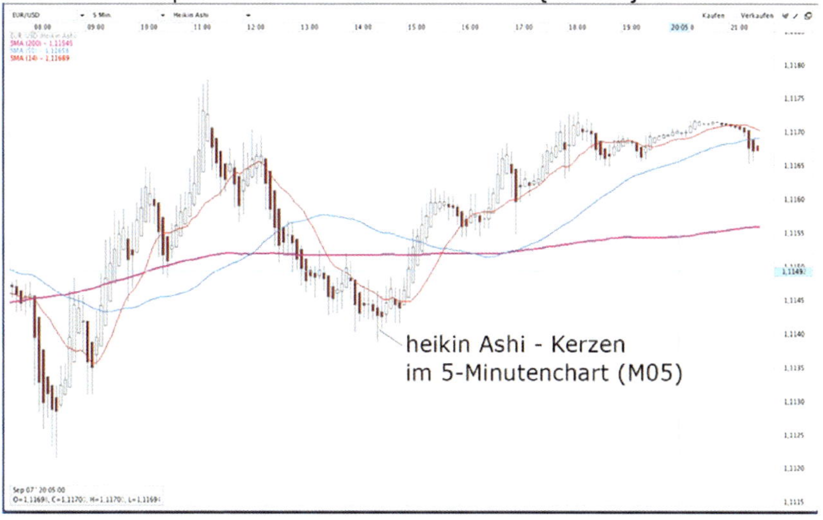

Abbildung 1: der Heikin-Ashi-Chart zeigt die harmonischen Bewegungsschwünge besser auf als der klassische Candlestick-Chart.

Wo ist nun ein Einstieg? Zusätzlich zu den gleitenden Durchschnitten plotte ich mir horizontale Unterstützungen und Widerstände aus übergeordneten Zeitfenstern in meinen Hauptbetrachtungschart, so dass ich trotz 05-Minuten-Zeitfenster die wichtigen Informationen aus dem übergeordneten Bild nicht aus den Augen verliere (wichtig). Für mein 5- min-Hauptzeitfenster gehe ich also zunächst in den Tageschart und ggf. in den 4 –Stunden – Chart und suche nach Bereichen, die in der Vergangenheit mehrfach getestet wurden bzw. wo es mehrfache Richtungswechsel gab. Dazu macht es Sinn, den Kursverlauf von Candlesticks oder Heikin-Ashi kurz auf „Durchschnittslinie" umzuschalten. Weil Du dann die entsprechenden Unterstützungs- und Widerstandszonen dann ggf. besser siehst (Frage Dich: in welchen Bereichen hat der Kurs in der Vergangenheit schon öfter gedreht? Wo ging es nicht weiter?)!

Das sieht dann in etwa so aus wie in folgendem Chart (Abb 2: Einzeichnen waagerechter Widerstands- und Unterstützungszonen anhand der Durchschnittkurse übergeordneter Zeitrahmen – ich habe aus Gründen der besseren Übersicht die gleitenden Durchschnitte nicht mit angezeigt):

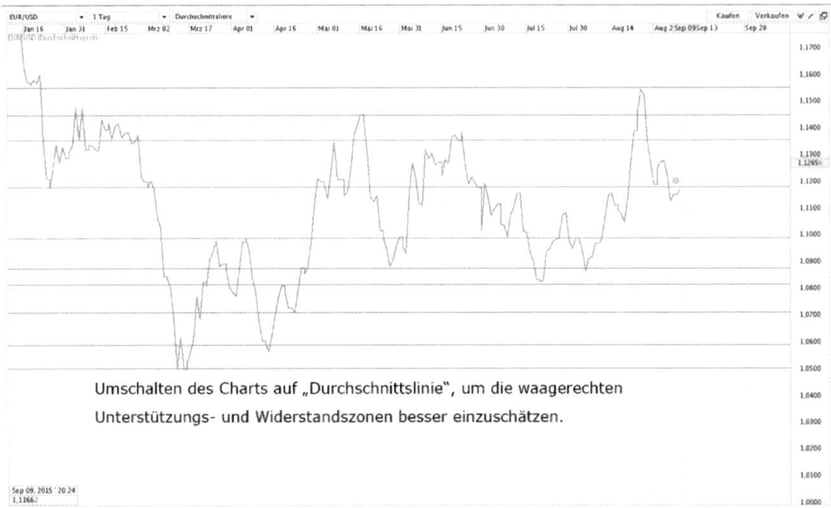

Abbildung 2: Widerstands- und Unterstützungszonen lassen sich besser herausarbeiten, wenn man den Chart zur Vorbereitung einmal auf „Durchschnittslinie“ umschaltet.

Nach dem Zurückschalten in mein 05-Minuten-Hauptfenster sowie dem Umschalten auf Heinkin-Ashi-Kerzen ist die Handelsvorbereitung dann abgeschlossen und mein Trading – Hauptbetrachtungszeitrahmen sieht dann im Ergebnis wie folgt aus (Abb. 3):

Abbildung 3: Der fertige Haupthandelszeitrahmen (M05) nach abgeschlossener Handelsvorbereitung.

Wann einsteigen? Du brauchst für den Einstieg eine Bestätigung (=Confirmation)! Trade niemals auf Verdacht; dies wird sehr teuer. Sobald der Kurs von der Trendrichtung zurück an eine der vorher eingezeichneten Unterstützungs- oder Widerstandslinien läuft und diese touchiert oder durchbricht und dann in Trendrichtung umkehrt, steige in diese Trendrichtung ein. Erst dann!
Es ist wichtig, dass sich der Kurs in einem Rücklauf befindet. Springe nie einfach auf einen fahrenden Zug auf. Der Kurs sollte mindestens bis an den SMA14 zurückgekommen sein, bevor Du eine relevante Widerstands- oder Unterstützungslinie in Betracht ziehst!

Du brauchst für die Bestätigung einer angenommenen Kursumkehr an einer eingezeichneten horizontalen Widerstands- oder Unterstützungslinie eine valide, abgeschlossene Candlestick-Umkehrformation (pin bar, Railroad-Track, Doji, was auch immer – einfach googlen)! Oder falls Du statt Candlestick-Chart die Heikin-Ashi-Darstellung bevorzugst (was keine schlechte Idee ist), dann warte das Ende der ersten Umkehrkerze ab!

Die folgende Abbildung 4 zeigt den bekannten Chart nun mit entsprechenden Markierungen für Einstiegsgelegenheiten nach dem Basiskonzept A:

Abbildung 4: der Haupthandelszeitrahmen mit einigen (nicht allen) Tradinggelegenheiten nach Basiskonzept A. Finde die fehlenden und systematisch korrekten, weiteren Handelsmöglichkeiten! Im Übrigen ist der zweite short (von links) wegen des unmittelbar im Wege liegenden SMA200 nach der Handelssystematik grenzwertig. Warte lieber auf klare setups, selbst wenn Du dann tolle Moves verpasst! DU WIRST IMMER IRGENDWO EINEN TOLLEN MOVE VERPASSEN! Genauso wirst Du immer wieder auch echte, gute Gelegenheiten finden, die zu Deiner Systematik passen. Habe Geduld!

Beachte, dass nicht alle Signale auch zu gigantischen Gewinnen führen. Ich habe ganz bewusst keinen perfekten Chartverlauf ausgewählt, denn den wird es im Alltag auch nicht jeden Tag geben. Es gehört zur Wahrheit dazu, dass Du erkennst, dass Dein Erfolg beim Trading eben ganz stark auch von Deinem Risikomanagement und Deiner Stoppverwaltung abhängt! Konzentriere Dich nicht zu sehr auf den perfekten Einstieg!

Ergänzende Hinweise/Erläuterungen: Im Grundkonzept A kombinieren wir also einen Trendfilter, nachlaufende Indikatoren, vorauslaufende Indikatoren und eine Entry - Confirmation (=Abwarten einer Bestätigung zum Einstieg). Klingt super sinnvoll und ist es ja auch: Die beiden SMA50 und SMA200 sind über

alle Zeitrahmen betrachtet wohl die mächtigsten nachlaufenden Indikatoren, die ich kenne.
Der SMA50 repräsentiert (wenn er steigt oder fällt) für mich die Hauptherde der Trend-Trader in diesem Zeitrahmen. Von deren Füßen magst Du Dich bitte nicht zertrampeln lassen. Gleiches gilt für den SMA200. Dieser repräsentiert die noch etwas gemächlicher schreitenden Big Guys mit den tiefen Taschen und dicken Bäuchen aus höheren Zeitrahmen, mit denen Du Dich in Trading - Dingen lieber nicht anlegen solltest.

Wenn Du nun also super nachlaufende Indikatoren hast, dann benötigst Du auch etwas Vorauslaufendes. Etwas, dass Dich vorab wissen lässt, wo sich Gelegenheiten oder Probleme auftun. Bei vielen Tradern hat das dann etwas mit Fibonacci-Levels oder auch Oszillatoren etc. zu tun, aber diese Rolle übernehmen in diesem Grundkonzept simpel einige wichtige horizontale Unterstützungs- bzw. Widerstandslinien.

Die Umkehrformation auf Kerzenebene soll nun die Treffgenauigkeit erhöhen, denn natürlich muß der Kurs nicht an einer vorher eingezeichneten Trendlinie drehen. Da wir aber nicht gegen den SMA50 (als Trendfilter) traden, haben wir eine deutlich höhere Wahrscheinlichkeit auf unserer Seite. Wichtig für ein erfolgreiches Traden nach diesem Konzept sind natürlich noch Aussagen zu Stopp-Setzung und Take Profit/Ziel-prospektion: dazu aber erst später mehr. Siehe bitte bei den setups).

Keine Regeln ohne Ausnahme? Ach menno. Die Sonderrolle des SMA200: Steige nicht in Trades ein, wenn der Kurs kurz vor dem SMA200 steht und wenn der Kurs aber entsprechend unserer Long/Short-Ausrichtung durch diesen SMA200 hindurch müsste.

Der SMA200 ist nahezu immer ein mächtiger Widerstand/eine mächtige Unterstützung. Hieraus erwächst auch die einzige Ausnahme für unser Long/Short-Grundkonzept:
Wenn der SMA14 unter dem SMA50 liegt und der Kurs prallt erstmalig auf den SMA200, dann darfst Du einmalig trotzdem auf einen Abpraller spekulieren und nach einer entsprechenden Umkehrformation (Confirmation) suchen. Günstig wäre es, wenn der Abpraller gleichzeitig von einer Widerstands-bzw. Unterstützungslinie auf Höhe des SMA200 bestätigt wird.

That's it. Falls Du Dich an das Basiskonzept A hältst (halten kannst), hast Du ein wunderbares allgemeingültiges Tradingsystem. Du musst es nicht glauben, aber zumindest musst Du nun Dein eigenes Grundkonzept flüssig runterschreiben! Jetzt!

Was ist sonst noch wichtig? Nun – auf keinen Fall solltest Du Signale handeln, die nicht in das übergeordnete Bild (bei mir i.d.R. anhand des Stundencharts eingeschätzt) passen!

Basiskonzept B (für das übergeordnete Bild im Stundenchart)

Die Kurzform meines Grundkonzeptes B für das übergeordnete Chartbild lautet: Gann Fächer.
Damit wäre dann auch alles gesagt ☺. Mr. Gann war einer der geheimnisumwobendsten Trader ever. Legendär war seine Trefferquote von über 90% während eines einmonatigen von einer Radiostation per Notar überwachten Tradings. Viele seiner Geheimnisse hat er mit ins Grab genommen oder es ist (mir) zu kompliziert.
Aber das Konzept des Gann-Fächers zumindest kannst Du Dir ganz gut auch heute noch zu Nutze machen. Womit ich nicht sagen will, dass ich eine 90%-Trefferquote habe.

Ich selber habe in den Jahren meiner unsteten Suche nach einem belastbaren Konzept so unendlich viel ausprobiert, dass ich natürlich zwangsläufig auch ein paar andere tolle Ansätze kennen gelernt habe (zu nennen wären hier vor allem Andrews Pitchforks, Fibonacci-Level i.v.m. Elliott Waves, Wolfe Waves, 3-5 bar retracement, bestimmte Chartmuster u.a.m.). Aber so einfach heruntergekocht, wie beispielsweise Don Chauncey den Gann Fächer verwendet, das hat Stil und bringt Ruhe hinein in die eigene Seele und wirklich die Zuversicht, die man sich als „gelernter Selbstsaboteur" so sehr wünscht (Don Chauncey: „Forex Trading. Forex Technical Analysis/Gann Trading Forex System). Ich empfehle sein kurzes kindle-eBook als Vertiefung und Augenöffner!

Es geht bei der Anwendung des Gann-Fächers bzw. verwandter Instrumente nicht darum, dass keine Verluste mehr entstehen. Aber da wo das Basiskonzept A Schwächen aufweist (langgestreckte Schiebezonen/Seitwärtsphasen bzw. bei der Frage, wann man einfach mal nicht traden sollte), kommt der

Gann Fächer mit beruhigender Klarheit daher. Deshalb verwende ich den Gann-Fächer bzw. eine Abwandlung davon im übergeordneten Stundenchart für das große Bild.

Aus innerbetrieblichen Gründen (die meisten Handelsplattformen bilden den Gann-Fächer nicht korrekt ab) verwendete ich anstelle des Gann-Fächers die sogenannten Beschleunigungslinien meiner Oanda-Plattform (ich verwende diese Linien wie einen abgespeckten Gann-Fächer).

Eingeschobene Erklärung: Die Beschleunigungs-/Widerstandslinien, die in Oanda fxTrade verwendet werden, ergeben einen Fächer, der dem Fibonacci-Fächer und auch dem Gann-Fächer sehr ähnlich ist. Hierbei werden allerdings keine Fibonacci- oder Gann-Zahlenverhältnisse, sondern Berechnungen Dritter zugrunde gelegt. Von einer Referenzlinie 50% werden zwei andere Linien fächerförmig im Winkel von 33,33 % und 66,66 % gezogen. Diese Linien stellen die Linien der möglichen Kursunterstützung bei Kursrückschlägen (Retracement) dar. Sie können nicht nur Aufschluss geben über das Ausmaß des Kursrückschlags, sondern auch über den zeitlichen Verlauf (daher der Begriff „Beschleunigungslinien“). Daran habe ich mich zwischenzeitlich so gewöhnt, dass ich augenblicklich auch dabei bleiben werde.

Sollte Deine Plattform den Gann Fächer korrekt anzeigen (z.B. im Metatrader 5, bei Prorealtime, bei IG Markets oder auch beim Comdirect CFD-Trader), dann kannst Du auch das Original selbst benutzen. Ich hingegen fahre mit den Beschleunigungslinien ganz gut. Die angesprochene Referenzlinie richte ich so aus, wie Gann es in seinem Konzept für die 1:1-Linie vorsieht. Das sind bei einer optisch harmonischen Chartdarstellung etwa 45 Grad (Skalierung beachten!).

<u>Was soll das alles nun?</u> Entsprechend des Konzeptes von Herrn Gann befinden sich an dieser 1:1-Linie die Käufer und Verkäufer im Ausgleich. Fällt die 1:1-Linie von einem Hoch im Stundenchart ab, suche ich im untergeordneten 05-Minuten-Chart nach short-Einstiegen, solange sich der Kurs unterhalb dieser Linie (bzw. zumindest im Fächer) befindet oder unterhalb dieser Linie bzw. in den Fächer zurückkehrt. Steigt die 1:1-Linie im Stundenchart von einem relevanten Tief, suche ich nach Longeinstiegen im untergeordneten 05-Minutenchart, solange sich der Kurs

oberhalb der Linie (bzw. zumindest innerhalb des ansteigenden Fächers) befindet.

Kreuzen sich verschiedene 1:1 Linien (von unterschiedlichen Hoch und Tiefpunkten) so muß man die Interaktion gewichten. Unterhalb beider Linien = klar short und oberhalb beider Linien = klar long.

Hat der Kurs beide Linien bzw. Fächer verlassen (=oberhalb der abfallenden Linie UND unterhalb der ansteigenden Linie) gibt es keinen Grund für einen Trade!

Wie sieht das nun im Chart aus? Siehe folgende Abb. 5:
Ich habe die von mir eigentlich auch noch im Chart geplotteten SMA14, 50 und 200 der besseren Übersicht halber weggelassen.

Abbildung 5: der übergeordnete Chart nach Grundkonzept B mit einem abfallenden und einem aufsteigenden Beschleunigungslinien-Fächer. Die blaue Linie ist jeweils meine 1:1-Referenzlinie gemäß Gann-Systematik. Hier sind Käufer und Verkäufer per Definition im Ausgleich. Beachte, wie schön sich der Kurs an die Linien hält.

Die blaue Linie ist jeweils die 50%-Retracement-Linie des Beschleunigungslinienfächers (als Tool bei den meisten Chartsoftware-Anbietern vorhanden). Diese verwende ich wie die 1:1 Linie bei Gann, d.h. sie sollte bei einer optisch korrekten

Anzeige (siehe QUADRATISCHES Gitternetz der Skalierung) im Winkel von ca. 45 Grad verlaufen.
Noch einmal zur Interpretation (siehe nächste Abbildung):
Solange sich ein Kurs innerhalb eines Fächers bzw. oberhalb befindet, suche nur nach Long-Signalen (aufsteigender Fächer).
Solange sich ein Kurs innerhalb oder unter einem abfallenden Fächers befindet, suche nur nach Short-Signalen.

Bei einem aufsteigenden Fächer deuten Kurse unter der dicken aufsteigenden Linie (=45 Grad-Linie) jedoch schon auf Schwäche hin. Bei einem abfallenden Fächer deuten Kurse über der dicken abfallenden Linie (=45 Grad-Linie) jedoch gg. kommende Stärke an. Somit sind Long-Signale über der 45-Grad-Linie (steigender Fächer) zu bevorzugen und ebenso Short Signale unter der abfallenden 45-Grad-Linie.

Im Ergebnis kann man 3 Bereiche identifizieren (siehe folgende Abbildung 6).
Spannend für mich ist dabei auch der unbestimmte Bereich, in dem Trades schlicht einfach einmal unterbleiben sollten. Dies ist im täglichen Tradingkampf eine wirklich nützliche Sache...

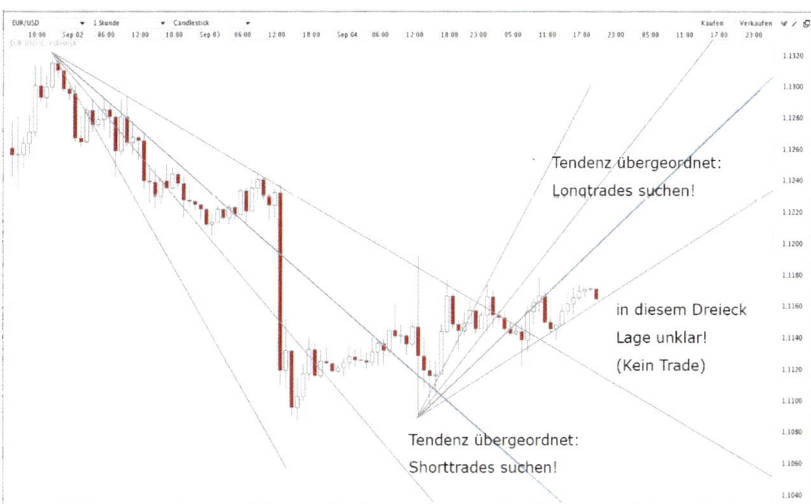

Abbildung 6: das übergeordnete Bild im Stundenchart nach Grundkonzept B mit der „Handelsvorgabe" für den untergeordneten Haupthandelszeitrahmen M05.

Abgeleitetes Haupt-Setup

1) Ich benutze im Stundenchart das Grundkonzept B und zeichne dazu die relevanten Beschleunigungslinien von den letzten Hoch- und Tiefpunkten ein. Perfekte Trades ergeben sich oft bei Umkehrformationen an den Beschleunigungslinien im Stundenchart.

2) Ich benutze unter Beachtung der Konstellation im Stundenchart sodann im 5-Minuten-Chart das Grundkonzept A mit den SMA14 und SMA50 als Buy/Sell-Filter sowie den horizontalen Widerstands- und Unterstützungslinien! Befindet sich der SMA14 unterhalb des SMA50, suche ich nur nach short-Einstiegen. Befindet sich der SMA14 oberhalb des SMA50, suche ich nur nach long-Einstiegen. Ausnahmen gibt es nur bei 2 bestimmten Chartmustern, die ich auch noch handele. Dies wird hier aber nicht weiter betrachtet.

3) Ich nutze zusätzlich für die Einschätzung der Volatilität und mit Blick auf den Stop Loss eine ATR (Average True Range) mit 14 Perioden. Hohe Volatilitäten bedeuten, dass ich meinen Stop recht weit weg vom Einstieg setzen muß, um vom Marktrauschen nicht abgefischt zu werden. Dies ist nicht optimal. Ideale Einstiegsszenarien suche ich also bevorzugt am unterem Extrem, also bei kleiner ATR. Ich erwarte, dass diese niedrige Volatilität bald von einem Wechsel zu hoher Volatilität abgelöst wird...)

4) Für die Kursdarstellung empfehle ich neben den üblichen CandleSticks (im Stundenchart) auch Heikin-Ashi-Candles (05-Minuten-Chart), weil diese Chartdarstellung die Wellenschwünge besser sichtbar macht als die Candlesticks-Darstellung.

Einstieg long: die Kurse laufen nach einer starken Aufwärtsbewegung im Rahmen einer Korrektur mindestens bis zum SMA14 zurück und drehen. Ich gehe long in die Umkehrformation auf Kerzenebene hinein. Stopp 3-4 Punkte unterhalb des Tiefs der Kerzen der Umkehrformation (Spread beachten).

Einstieg short: die Kurse laufen nach einer starken Abwärtsbewegung im Rahmen einer Korrektur mindestens bis zum SMA14 zurück und drehen. Ich gehe long in die Umkehrformation auf Kerzenebene hinein. Stopp 3-4 Punkte unterhalb des Tiefs der Kerzen der Umkehrformation Umkehrformation (Spread beachten).

Nebenbedingungen: Für profitable Trades ist es Pflicht, dass zusätzlich mindestens eine der folgenden Nebenbedingungen erfüllt ist: Die Umkehrkerze/Umkehrformation befindet sich in der Nähe eines alten bedeutenden Hochs/Tiefs oder einer im Weg liegende Support- oder Widerstandslinie bzw. Trendkanallinie, oder an einem wichtige Fibonacci-Retracement-Level 38, 50 oder 61,8 an einem im Weg liegenden relevanten SMA 20, 50 oder 200.

Gleiches gilt in der anderen Richtung natürlich auch für das Gewinnziel. Weniger ist hier mehr. Keine Gier. Ich möchte NICHT den Trend traden sondern nur den Schwung der Bewegung. Dies bedeutet, dass ich keine großen Schwünge gegen meine Tradingrichtung aussitzen möchte. Mein Gewinnziel ist mit Blick auf den 5-Minuten-Zeitrahmen generell um die 15-30 Punkte (Dax) und idealerweise in der Nähe eines alten Hoch/Tief oder einer im Weg liegenden Support- oder Widerstandslinie bzw. Trendkanallinie oder eines im Weg liegenden relevanten SMA.

Der SMA50 soll im M05-Zeitrahmen klar steigen oder fallen. Ansonsten die Finger vom Trade lassen.

Merke: der Stundenchart soll dem Trade nicht entgegenstehen. Perfekte Trades ergeben sich oft bei Umkehrformationen an den Beschleunigungslinien im Stundenchart.

Nebensetup Eröffnungsstrategie

Unabhängig von der oben dargestellten, verknüpften Grundstrategie mit buy-sell-Line (5Minutenchart) und Beschleunigungslinien (Stundenchart) kommt für mich im Dax oder EuroStoxx sowie im BUND am Morgen zwischen 8:00 Uhr und 9:00 Uhr noch das Handeln der Eröffnung infrage.

Hintergrund dieser Strategie: Sehr häufig kommen die Kurse nach einem ersten kleinen Bewegungsschub am Morgen noch einmal zur Eröffnung zurück. Die Vorbörsen-Trader trauen sich aus meiner Sicht eine weitergehende Dynamik oft nicht zu und dann bröckelt eben die Euphorie (steigende Kurse) oder schwindet die Panik (fallende Kurse) auch oft wieder wie ein

Sturm im Wasserglas. Vorteilhaft ist die Eröffnungsstrategie, weil sie mich gut in den Tradingtag hineinführt und ein Gefühl für den Markt vermittelt. Ich betrachte sie als Option, d.h. ich MUSS sie nicht handeln, wenn ich dem Markt nicht traue. Es ist bereits hilfreich, wenn ich den Markt am Morgen entsprechend beobachte, unabhängig davon, ob ein Trade zustande kommt.

Die Eröffnungsstrategie selbst ist sehr einfach. Ich warte ab 8:00 Uhr die erste 5-min-Kerze (hier allerdings Candlestick statt heikin Ashi) ab. Der Schlusskurs dieser ersten 5 Minutenkerze ist per definitione die „Eröffnung". Diese mache ich mir mit einer speziellen waagerechten Linie kenntlich. Unter die „Eröffnung" wird im Abstand der 3fachen ATR(14) ein buy stopp in den Markt gelegt (Limit order). Über die „Eröffnung" wird im Abstand der 3fachen ATR(14) ein sell stopp in den Markt gelegt (Limit order).

Das Ziel (Take Profit) beider Limit Orders ist das Kursniveau der „Eröffnung". Gleichzeitig wird ein Stopp Loss ebenfalls beauftragt, und zwar ebenfalls die 3 fache ATR(14). Das Chance-Risiko-Verhältnis ist somit 1:1 und die Eröffnungsstrategie hat eine recht hohe Erfolgswahrscheinlichkeit (=Erwartungswert) von etwa 70%.

Sofern der Trade innerhalb der nächsten 6 Kerzen (=30 min) nicht ins Plus läuft, wird die halbe Position geschlossen und für den Rest der Stopp sinnvoll nah an den Kurs nachgezogen. Sofern der Trade bis 8:45 nicht ausgelöst wurde, werden die Limit-Orders gelöscht – die Volatilität um 9:00 Uhr ist für das Setting i.d.R. Gift. Sofern eine der Limit-Orders rechtzeitig ausgelöst wurde, wird die jeweils andere gelöscht. Kurz vor 9:00 Uhr sollte auch eine im Plus liegende Position dann lieber geschlossen werden (viele Vorbörsentrader tun dies jedenfalls und daher bröckeln die Kurse nach einem Hoch in den letzten 2-3 min vor 9:00 Uhr ganz oft plötzlich ab bzw. ziehen nach einem Kursverfall 2-3 min vor 9:00 Uhr plötzlich doch wieder an).

Montags sollte man statt der 3fachen lieber mit der 4fachen ATR planen. Die Widerstände SMA50 und 200 werden als kritische Widerstände und Unterstützungen betrachtet, diese sollten nicht im Weg liegen. Ich trade die Eröffnungsstrategie nicht in Hochvola-Zeiten, wenn die 3fache ATR(14) beispielsweise für meinen Account und ein sinnvolles Risikomanagement zu hoch ist.

Gehandelte Märkte

Ich beobachte nur wenige Märkte mit dem Ziel, deren Eigenheiten schrittweise besser zu verstehen (bevorzugt: **DAX**, **S&P500**, Nasdaq, BUND, **EuroDollar**, EuroStoxx, Gold, Silber, selten auch Öl und Weizen, ...). Die Punktwerte der Märkte müssen zur Depotgröße passen, insofern dürfen bei Dir Dow und Dax etc. ggf. nur in Ausnahmefällen getradet werden, sofern Du mit einem sehr kleinen Depotvolumen tradest. Zwischen 5.000 und 10.000 Euro sollten es im Minimum schon sein. Auf breites Marktscreening wird verzichtet. Ich handele CFD's auf oanda und comdirect sowie Optionsscheine/Zertifikate bei comdirect und wikifolio.

Gehandelte Zeitrahmen

Ich bevorzuge als Hauptzeitrahmen den M05 mit dem Ziel, klare Bewegungs-Schübe mit einer mittleren Haltedauer zwischen 2 und 5 Perioden zu traden. Die Zeitrahmen H01, M10 und ausnahmsweise 30-Sekunden dürfen aber bei klaren Signalen ebenfalls gehandelt werden, wenn der jeweils übergeordnete Chart nicht entgegensteht. Ich verwende wenige klare Setups, die ich mit einem festen Regelwerk abarbeite. Unklare Situationen sollen gemieden werden, auch wenn die Tradinghäufigkeit dadurch sinkt.

Risikomanagement/ Moneymanagement/ Positionsgrößen

Ich möchte unaufgeregt traden. Verluste treten nach meinem Verständnis im Rahmen der Gewinnerwartung der getradeten Systeme immer auf. Verluste sind notwendiger und permanenter Teil des Tradingprozesses und bringen mich nicht mehr in Panik. Der einzelne Trade darf keine bedeutende Rolle haben! Ich setze niemals alles auf eine Karte. Das Überleben des Accounts hat oberste Priorität und aus der strikten Risikobegrenzung des einzelnen Trades erwächst im Zusammenhang mit einem angestrebten, positiven, durchschnittlichen CRV (=Chance-Risiko-Verhältnis) die kontinuierliche Profitabilität meines Tradings!

<u>Konzentration:</u> Ich beobachte niemals mehr als 4 Märkte gleichzeitig (besser nur 2, also z.B. Dax und EUR/USD oder Dax und S&P500 oder DAX und BUND). Am Erfolgreichsten bin ich mit jeweils der Konzentration auf nur einen Markt (Dax oder Bund).

Präsenz/Handelszeiten: Ich verlasse die Bildschirme während eines laufenden Trades „nur zum Pinkeln", es sei denn, der Trade ist bereits komfortabel im Gewinn mit Stopp abgesichert. Sofern der Trade abgesichert im Gewinn läuft, ist das Verlassen des Bildschirms jedoch eine gute Idee. Dabei Festlegung eines sinnvollen Take Profits nicht vergessen!
Overtrading vermeiden! Nach einigen Stunden Trading oder auch nur Märkte beobachten sinkt die Konzentration rapide. Sinnvoll pro Tag sind maximal 4-5 Stunden. Optimale Tradingfenster dabei sind: 8:00 -12:30 Uhr / 14:30 -18:00 Uhr / 20:00 - 22:00.

Im Gewinnfall beende ich den Tag früh. Wichtig ist mir die positive Energie, die von einem im Gewinn beendeten Tradingtag ausgeht. Nicht handeln kurz vor der Veröffentlichung einer wichtigen news! Keine Meinungstrades!!

Stoppsetzung: Ich trade NIEMALS ohne Initial Stop loss! Dieser Stopp muß immer bereits mit dem Einstieg beauftragt werden und wird unter keinen Umständen nachträglich vergrößert bzw. weiter weg gesetzt! Unter keinen Umständen (ich hoffe, dies dringt zu Dir durch. Bei mir selber hat es Jahre gedauert, bis ich diese Regel tatsächlich befolgt habe. Viel Schmerz inklusive).

Das initiale Risiko jedes einzelnen Trades darf lediglich zwischen 0,5 und 1% der momentanen Kontogröße betragen. 2% wäre übrigens schon recht aggressiv. Nach Identifizierung des logischen initialen Stopp loss ist deshalb in jedem Fall die resultierende Positionsgröße entsprechend anzupassen! Es gibt KEINE Ausnahme von dieser Vorschrift. Unter keinen Umständen!

Pyramidisierung: Es gibt zunächst nur eine Position pro Markt. Diese ist genau so groß, wie es das initiale Risiko bezogen auf die Kontogröße erlaubt. Zusätzliche Positionseröffnungen sollen/dürfen im jeweiligen Markt/Wert eröffnet werden, sobald die bereits offenen Trades per nachgezogenem Stopp abgesichert im Gewinn laufen (free lunch). Andere neue Trades (in anderen Märkten) dürfen nur eröffnet werden, solange die unrealisierten Verluste aller offenen Trades 10% der Accountgröße nicht übersteigen oder die Höhe der hinterlegten Margins aller offenen Trades 50% der Accountgröße nicht übersteigt.

Risikobegrenzung/Gewinnabsicherung: Eine Position ist nach spätestens 7 Perioden (= 35 min bei mir im 5 min – Hauptzeitrahmen) zu halbieren, wenn sie bis dahin nicht im Plus läuft. Wenn die Position nach 2-7 Kerzen im Gewinn läuft, dann mindestens für die Hälfte dieser Position den Stopp auf Einstand bzw. ein sinnvolles Stopp-Level nahe Einstand nachziehen! Der Stopp von einem Trade im Gewinn in Nähe des ursprünglich geplanten Take-Profits ist aggressiv nachzuziehen, selbst wenn der Trade dann zu schnell rausfliegt und man einen weiteren Move verpasst.

Es ist okay (völlig egal, was einem dazu die Theoretiker und Statistiker in Bezug auf die Ertragsquote und das CRV usw. vorrechnen), wenn ich einen Trade „zu früh" im Gewinn schließe, wann immer ich aus mentalen oder sonstigen Gründen das Bedürfnis dazu habe. Gewinn cashen ist gut und gibt ein gutes Gefühl. Es kommt die nächste gute Trading – Gelegenheit und es kommt auch die mentale Stabilität, den nächsten tollen Trade auch bis zum Ende durchzustehen. Entspann Dich.

Quarantäne – Regeln: Nach jedem Trade – egal ob im Gewinn oder Verlust beendet, ist für 3 Perioden Pause (= 15 min bei mir im 5 min – Hauptzeitrahmen). Nach einem Fehltrade darf im gleichen Markt zunächst 1 Wiedereinstieg in die ursprüngliche Richtung versucht werden. Nach 2 Fehltrades im selben Markt hintereinander soll dieser Markt 30 min (=6 Perioden im 5 min – Hauptzeitrahmen) nicht getradet werden.

Nach 3 Verlusttrades hintereinander mache ich Feierabend für den Tag! Es ist ganz wichtig, sich nicht in einen Kampf mit dem Markt hineinziehen zu lassen. Wenn er dreimal hintereinander „NEIN" gesagt hat, dann hast Du schließlich dreimal hintereinander nicht gesehen, was der Markt will. Sofern Du also an so einem Tag nicht Ruhe gibst und weiter tradest , wird es richtig teuer. Ganz sicher! Das musst Du unbedingt vermeiden.

Maximaler Tagesverlust: Spätestens bei einem Tagesverlust von 5% bezogen auf den Kontostand ist Feierabend. Schluß. Aus. Keine Ausnahme, denn genau dieses hektische Weitertraden bombt den Account auf Null. Im Zweifel an nur einem Tag! Das ist kein Witz.

Drawdowns des Gesamtkapitals (möglichst nicht über 15%) sollen vermieden werden und müssen konsequent gemanaged werden (weniger ungenaue Setups, keine ad hoc Trades, Auszeit, Sport).

Tages-Deadline: Ich bleibe nur in absoluten Ausnahmefällen über Nacht in einem Gewinn-Trade, wenn der Trade per nachgezogenem Stopp komfortabel im Gewinn abgesichert wurde! Verlusttrades werden in jedem Fall am Abend geschlossen! Nichts ist schlimmer, als ein Eröffnungsgap (eine Eröffnungslücke) am Morgen weit jenseits Deines Stopps und gegen Deine Tradingrichtung. Diese Verluste sind unglaublich schmerzhaft.

Sonstige Risiken (z.B. Klumpenrisiko aufgrund von Korrelationen zwischen den Märkten oder Währungsrisiken) werden von mir nicht extra gehedged.

Anmerkung: aus meiner Sicht muß es reichen, dass ich Dir die Beweggründe für jede meiner Regeln jeweils nur kurz angerissen habe, weil Deine Situation ja nicht meine Situation ist und Deine Psyche andere Fehler bedingt als meine. Wichtig ist mir, Dir aufzuzeigen, dass Du Dir Gedanken machen musst über die Sachen, die Du machen darfst und wie Du sie machen sollst. Bei mir geht es darum, im Verlustfall die sich immer schneller drehende Negativserie von Trades ohne ausreichende Vorbereitung zu entzerren bzw. das panische Overtrading mit zu großen Beträgen und Risiken zu erschweren.

Zielgrößen, Profitabilität

Ich strebe eine kontinuierliche Verzinsung des eingesetzten Kapitals (=Accountgröße) an. Wochenziel rund 2-3%. Monatsziel rund 6-10% (Aufgrund der wahrscheinlichen Unsicherheit über das durchschnittliche CRV Deines Systems ist Deine Zielvorgabe im ersten Schritt vielleicht noch nicht valide sondern hypothetisch und muß nachträglich adjustiert werden, wenn Erfahrungswerte aus dem Tradingjournal vorliegen.).

Jeder einzelne Trade soll ein Plan-CRV von deutlich über 1,0 haben (Verhältnis von wahrscheinlichem Gewinn zu maximalem Verlust). Trades mit CRV von unter 1 werden nicht eingegangen! Allerdings muß ich bezogen auf den Chart REALISTISCHE

Gewinnziele wählen (In meinem täglichen Trading ist das vorgesehene Gewinnziel auch heute noch oft zu optimistisch gewählt, insofern gibt es weiterhin eine Selbstbetrugskomponente...).

Trading – ergänzende Aspekte und Tradeverwaltung

Tradingidee/Positionierung/Timing

Auf der Basis der Handelsideen aus der Handelsvorbereitung überprüfe ich zum Handelsstart die Entwicklung. Von 8:00 bis 9:00 Uhr prüfe ich zusätzlich zum Tradingansatz der Grundstrategie auch den Einsatz der Eröffnungsstrategie. Zwischen 9:00 Uhr und 9:20 Uhr vermeide ich möglichst einen Einstieg. Ab 9:20 Uhr mit Schwerpunkt um 9:40 Uhr herum rechne ich mit einem ersten heftigen Move im Markt der Profitrader mit den tiefen Taschen.
Dies ist öfter mit einem Shift in der morgendlichen Haupttradingrichtung verbunden und natürlich kann diese Bewegung auch mal erst um 10:30 Uhr kommen. Ist ja kein Wunschkonzert leider. Zwischen 12 Uhr und 14:30 Uhr ist das Traden mühselig und i.d.R. nicht fruchtbar. Die schweren Jungs sind im Mittagessen und besonders der Dax hat die Hosen voll und schaut schon darauf, was die Amerikanischen Märkte wohl bei ihrer Eröffnung machen werden. Überhaut ist der Dax mit Blick auf die amerikanischen Märkte im Grunde eine arme abhängige Suppe – was es nicht leichter macht, ihn zu traden.

Entry

A) Einstopp-Technik

Ich bevorzuge zum Einstieg *generell* ein „mich-Einstoppen-lassen", weil es mir den Druck der „richtigen oder falschen Entscheidung" abnimmt. Der Kurs soll das Einstopp-Niveau als Bestätigung für seine Stärke oder Schwäche erst noch erreichen (=Confirmation), bevor ich investiert sein will – auch wenn der Kurs dabei im Zweifel schon relativ weit in meine angedachte Richtung davonläuft. Somit bedeutet dieses „Einstoppen-lassen" häufiger, dass der Kurs nach dem „Reißen" meiner Entry-Schwelle zunächst im kürzeren (Minutenchart oder 30 Sekundenchart) Zeitrahmen gegen mich läuft. Dies muß leider ruhig ausgesessen werden!

Varianten für das Einstoppen-lassen:

- Einstoppen ober-/unterhalb Signal-Bar (Primärtechnik)
- Einstoppen ober-/unterhalb der 2 einer 1-2-3-Formation nach Markttechnik im kleineren Zeitrahmen (i.d.R. 30 Sekunden)
- Einstoppen ober-/unterhalb einer kurzfr. Trendlinie

B) Einstieg in offenes Signal

Sofern ein eindeutiges Signal für einen Markt zu spät entdeckt wurde und das CRV weiterhin attraktiv erscheint, ist ein manueller Einstieg in das nunmehr „offene Signal" zulässig.

Exit-Plan und Stopp-Technik

Ich steige aus einer Position aus bzw. werde ich aus dem Markt genommen entweder am

- InitialStopp (wenn Kurs gegen mich läuft),
- Timestopp (wenn Kurs nicht losläuft und weder TP oder initialStopp getriggert werden) oder mittels
- TrailingStopp, oder per
- TakeProfit, oder bei einem
- Gegensignal.

TimeStopp: Die Position soll per Hand mindestens halbiert werden, wenn sie sich nach 6-7 Perioden (exkl. Entry) nicht deutlich und klar vom Fleck bewegt hat oder leicht gegen mich läuft, ohne den initialStopp berührt zu haben. Befindet sich die Position knapp im Plus, dann soll zumindest für eine halbe Position der Stop knapp nachgezogen werden.

TrailingStopp: Läuft der Trade in die angedachte Richtung, wird permanent mit Beendigung der Periode der Stopp unter das Tief bei Longtrades bzw. über das Hoch bei Shorttrades der gerade beendeten Heikin-Ashi-Kerze nachgezogen. Ausnahme: wenn der Docht der gerade beendeten Heikin-Ashi-Kerze den Docht der vorherigen Kerze nicht bzw. nicht deutlich übertrifft (longtrade) bzw. unterbietet (shorttrade), dann unterbleibt die Anpassung des Trailing-stopp.

Ausnahmen in Candlestick-Charts: Bei Innenstäben nach Markttechnik/Voigt und Narrow range bars (NRB) muss das Nachziehen des Stopps unterbleiben, um dem Trade Raum zu lassen. Ebenso kann das Nachziehen unterbleiben, wenn die aktuelle Kerze entgegen der Traderichtung schließt (rote Candle im Long-Trade bzw. weiße Candle im Short-Trade).

Hinweis zum CRV: Ich schätze bei jedem Trade bereits im Zeitpunkt des Einstiegs ein wahrscheinliches Ziel für den TP (Take Profit) ab, um ein Plan-CRV zu ermitteln. (Erinnerung: Trades mit einem Plan-CRV von unter 1 werden ausgelassen.). Wo könnte der Bewegungsschub beendet sein? Hierzu wird der Chart auf frühere Swings/Widerstände/Unterstützungen/Schiebezonen/Hochs/Tiefs untersucht.

Sind solche eindeutigen Zonen nicht auszumachen, dann gilt im Zweifel: In Seitwärtsphasen ist das alte Hoch bzw. Tief die Zielzone für den TP. In Trendphasen ergibt sich das TP aus der Höhe des Rücklaufs der Korrektur: Ein Retracement <= 38 % ergibt ein TP von mindestens 38% über/unter dem Hoch/Tief des letzten Swings, bezogen auf die Ausdehnung des letzten Swings. Ein Retracement zwischen 40-50 % ergibt ein TP etwa im Bereich des letzten Swing-Hoch/SwingTief. Ein Retracement zwischen 50-62 % ergibt ein TP knapp unterhalb des letzten Swing-Hoch/SwingTief. Zusätzlich sind allerdings frühere Hochs/Tiefs und ggf. Trendkanäle zu beachten.

Klarstellung: Wird die Region des geplanten TP vom Kurs erreicht, darf ich entscheiden, ob ich mit der ganzen oder halben Position weiter im Trade bleiben will (Tradeverwaltung für diese halbe Position dann weiter mittels TrailingStopp). Ich MUSS also nicht am geplanten TP glattstellen. Das TP dient nur der Abschätzung der Profitabilität des Trades vor Eintritt in denselben. Nachträglich werden Plan-CRV und Ist-CRV allerdings miteinander verglichen.

Qualitätssicherung und Nachbereitung

Regelabweichungen, Systemänderungen, Weiterentwicklung

Ich gehe ex definitione davon aus, dass ich ein duplizierbares Tradingsystem mit positivem durchschnittlichen CRV und einer akzeptablem Gewinnerwartung habe. Daher sind Regelabweichungen unter allen Umständen zu vermeiden! Somit sind auch VerlustTrades, bei denen ich mich aber an alle Regeln gehalten habe, unbedingt positiv zu beurteilen. Hingegen sind Gewinntrades, die in Verbindung mit Regelverstößen entstanden, negativ zu beurteilen. Sofern die Regeln während des Tradingtages eingehalten werden, spreche ich mir Lob zu und gönne mir kleine Belohnungen im Alltag ;-)

Mein System wird für jeweils 3x50 (!) Trades beibehalten. Erst die darauffolgenden Auswertungen hinsichtlich Trefferquote, CRV, Erwartungswert, Gewinnwahrscheinlichkeit etc. führt mitunter dazu, dass Systemanpassungen vorgenommen werden.

Mach Du es möglichst genauso! Erst sofern sich nach Deinen nächsten 3 x 50 korrekt verwalteten Trades (auch Verlusttrades können fachlich völlig korrekt sein, sofern Du Dich an Deine Regeln gehalten hast) keine signifikanten Verbesserungen bei Deinem Tradingergebnis eingestellt haben und/oder Du das System nicht selbständig verbessert bekommst, ist es Zeit für einen Coach. Oder die Couch. Oder beides. ☺

Dokumentation und Tradingtagebuch

Ich führe ein Excel-Sheet als „TradingJournal“ mit dem Ziel, die Trades umfassend mittels Pivot-Tabellen auszuwerten hinsichtlich duplizierbarer Handlungen und Fehleranalyse. Alle (!) Trades sind zwingend einzutragen. Es gibt keine Ausnahmen.

Hahaha! Das ist zumindest die Theorie und da solltest Du wirklich auch drüber nachdenken! Jedoch ist die Wahrheit dann leider oft eine andere und ich schaffe es schlicht wider aller Vernunft nicht immer, das Excel-Sheet kontinuierlich zu füllen ☹. Kennst Du dieses Problem? Es gibt eine Lösung:

Anstelle eines Tradingtagebuches, welches ich trotz mannigfacher Anläufe also doch nie richtig geführt habe, hat es sich bei mir besser bewährt, dass ich einem guten Freund im Verlauf des Tages mehrere eMails mit meinen Gedanken zu den Trades schicke. Das klappt ganz gut und geht morgens üblicherweise mit einer Tagesprognose los und wird dann um die Tradingideen, setups, Einstiege und updates zum Tradeverlauf weitergeführt. Inklusive Screenshots und Fehlerbetrachtung und Beschimpfungen etc. Es bleibt keine Sache ungesagt. Im Nachhinein kann ich die eMails dann für mich auswerten und – das ist bei mir der entscheidende Punkt – das Kundtun der Trades und Gedanken dazu hilft mir extrem, meine Disziplinprobleme im Griff zu behalten. Das Ganze geht natürlich nur mit einem wirklichen Freund (mein Dank geht an dieser Stelle an „Tank"!!).

In Ergänzung zu dieser Vorgehensweise habe ich dann noch eine Checklist, die mein Instrumentarium einschließlich sonstiger bei der Chartanalyse beachtenswerter „Nebenkonzepte" in Kurzform auflistet (siehe anbei). Ich gebe zu, dass bei solch einer Liste immer die Gefahr besteht, dass man sich verzettelt. Aber mir hilft sie sehr, auch wenn sie sich nicht so komfortabel wie Excel-Journal auswerten läßt. Mein Tradingordner beinhaltet ferner neben den ausgedruckten Charts alle Artikel und Kopien, die sich mit den für mich interessanten Setups und Handlungsanleitungen generell befassen.

Worauf will ich hinaus, wenn ich Dir das hier so unstet und unsauber vor die Füße werfe? Nun, Du musst Dir unbedingt Gedanken machen, wie DU eine für Dich auswertbare Dokumentation hinbekommst! Denn diese ist extrem wertvoll für Deine Kontinuität!

Anhang 1 (Beispiel Checklist zur Tradeverwaltung)

	lfd. Nr.: **heute**(max 5):	Ausdruck Chart?
Trade-	Datum:	**Monitor**
details	**Zeit:**	allg. Marktbild: Trend oder Korr., Hoch/Tief, Idee?
Zeitrahmen	D01, H03, H01, M15, M05	Widerstände/Unterstützungen, Beschleunigungslinien, Candles,
Positionierung	long, short	Lage und Richtung SMA14,50, Chart Woche/Tag/H01
Markt	DAX, S&P, Euro, Bund, Gold, Öl, ...	Swingturn?
	mit dem übergeordneten Trend	
	gegen den übergeordneten Trend	
	übergeordnet seitwärts	
Konzepte Dritter	Bar berührt M20 (holy grail), 3-5 bar reversal	
A Trend/	retracement auf Trendlinie/SR-Level u. Abpraller	
Trendfortsetzung	30 min new high/low	
swingturn	Flagge, Wimpel/Dreieck	
B (Trend-)Umkehr	turtle Soup +1 (false brakeout)	
	1-2-3 Trendbruch nach Dow Theory	
	Umkehrformation an Major SR-Level, Fibo-Level	Marktbild M05: Idee?
kurzfr. Countertrend	return to the open, ES	Trend im SMA50/M05? Swingturn?
C Vola	narrowing range breakout	
D Wellenmuster	Elliott Welle, Wolfe Wave	
	three little indians, "12345 and up"	
signal supporter	Pin Bar/Umkehrstab/ smash reversal bar, Tail	
beachtet von	NRB (narrow range bar)	
Dritten	dark cloud cover/piercing pattern/railroad track	
	Fibo-Retracement Level (38, 50, 62, 100)	Check Mentaler Zustand vor dem Trade:
	Widerstand/Unterstützg altes Hoch/Tief, Tageslinie	Druck/Stress? Panik? Gelassenheit? Bemerkungen:
	Widerstand/Unterstützung Trendlinie	
	Widerstand/Unterstützung SMA 50, 200	
	unbestätigtes neues Hoch/Tief nach Bollinger	
Indikatoren:	Slow Stochastik	
	ATR (6) // Tick Volume	
Entry	Einstoppen über Hoch/Tief Signal-Bar, 1-2-3	
	Einstieg in offenes Signal	
	Wert Entry	Welchen maximalen Tagesverlust erträgst Du cool?
initial stop loss	unter/über Signal-Bar	
	unter/über previous-Bar	Wieviel Gewinn/Verlust hast Du vor dem Trade heute schon?
additional	unter/über letztes Hoch/Tief	
stop Protection	unter/über Fibo-Level (50, 62)	
(hide in bushes)	unter/über Unterstützung/Widerstand	
	unter/über SMA 50, 200	
	ATR x	Beschreibung Trade-Verlauf: Entry Fehler?
Money-	**Wert initial Stop loss**	Änderung mentale Situation, Auffälligkeiten Kursverlauf
management	**Risiko Punkte**	nachträgliche Erkenntnisse zur Ausgangssituation?
	Anzahl CFD/Kontrakt	
	Risk Trade zum Account (max. 1%)	
Exit-Plan und	Take Profit letztes Hoch (Retracement >=50%)	
Stopverwaltung	Take Profit 138% (wenn Retracement < 50%)	
	Position soll bei Erreichen TP geteilt werden	
	trailingstop nach Markttechnik	
	Stop auf Einstand nachziehen	
	Trend auf kleinerer Zeitebene	
	time stop nach 5 Perioden!	
	Wert Take Profit	
	Risk-Reward-Ratio Plan (mind. 1,0)	
Exit realisiert	initial stop gerissen	
	time stop	
	trailingstop	
	TP erreicht	
	Gegensignal	
	Gewinnsicherung/Verlustbegrenzung/Bauch	
	Trade-Dauer in Perioden	
	Wert Exit	
	Punkte	Bemerkungen zur Trade-Execution. Fehler? Lob?
	Risk-Reward-Ratio (realisiert)	
Fehler	initial stop versetzt	
	initial stop irregulär gewählt (zu nah, zu weit)	
	panic sell, ohne Tradingplan zu beachten	
	Entry zu spät (auf Zug aufgesprungen)	
	irregulärer Entry	
	profitabler Exit verpaßt (Gier)	

Abbildung 7: meine Checklist...

Erläuterungen zur Checklist: das vorstehende Sheet soll Dir nur eine grobe Orientierung geben, wie ich mir meine Checklist aufgebaut habe, mit der ich mich durch die Trades kämpfe. Es geht zunächst um die Herangehensweise an den Markt; um die mentale Situation/Psyche und sodann um eine Einstiegs-Idee sowie korrekte Tradeverwaltung plus Fehlerauswertung. Ich führe so eine Checklist also jeden Tag und für jeden Markt - in der Praxis schmiere dafür jeweils einen Papierausdruck voll. Damit komme ich persönlich besser klar als mit dem Eintragen am Computer (auch wenn das unter Auswertungsgesichtspunkten besser wäre). Im rechten Bereich geht es eher um meine Grundverfassung rund um einen Trade und rund um meine vorstehend beschriebenen Grundkonzepte A und B. Ferner erinnere ich mich daran, dass ich die Charts auszudrucken habe (siehe Boxen für Häkchen) usw., usf.
Im linken Bereich markiere ich dann alle unterstützenden Informationen, plane und verwalte die Trades. Ich habe eine Sektion „Konzepte Dritter". Hier finden sich die für mich zumindest am Rande allgemein beachtenswerten Konzepte möglicher dritter Marktteilnehmer. Soweit diese Konzepte zu meiner angedachten Grundrichtung „passen", betrachte ich dies als zusätzliches Argument für meine Tradingentscheidung. Natürlich kann man längst nicht alles berücksichtigen und es darf auch auf keinen Fall mental vom eigenen Handelsansatz wegführen! Ich habe eine für mich gerade noch praktikable Auswahl vorgenommen. Ich gehe diese Konzeptansätze dritter Trader in Gedanken kurz durch, bevor ich in einen Trade einsteige. Beispielsweise schaue ich durchaus, wie sich die Gesamtsituation aus Sicht von Elliott-Wellen-Tradern darstellen könnte. Oder ich markiere mir mit einem Sternchen, wenn sich eine Wolfe-Wave-Chance ergibt. Oder wenn es für einen fremden dritten Trader nach einem 3-5 Bar-Retracement aussieht.

Bitte verstehe mich nicht falsch: ich möchte an dieser Stelle bei Dir auf keinen Fall eine zusätzliche Irritation erzeugen! Es ist NICHT wichtig, dass du alle diese Konzepte nun auch noch in Dein Trading integrierst! Wirklich (!) nicht – es kann fatale Folgen haben, wenn Du dann doch heimlich Dein eigenes Konzept verwässerst und nach den anderen Ideen dritter Trader agierst, weil es gerade alles so super aussieht! Nein, bleib unbedingt bei DEINEM Konzept! Ich möchte stattdessen, dass Du Dir Gedanken zu Deiner eigenen Tradeverwaltung machst. Also: wie standardisierst DU Deine Handelsvorbereitung und Dokumentation praktikabel? Wie standardisierst DU Deine

Nachbereitung? Wie standardisierst DU Dir deinen täglichen mentalen Check? Was willst DU beachten und was nicht. Doch genug mit den groß geschriebenen DUs... Meiner Meinung nach ist eine Checklist vor einem Entry in einen Trade jedenfalls außerordentlich hilfreich. Aber nur Du kannst entscheiden, ob Du das wirklich genauso dringend benötigst wie ich.

Anhang 2 (Bücherkanon)

Sag mir, was Du liest und ich sage Dir, wer Du bist... - als Autodidakt leite ich mein Tradingweltbild notgedrungen recht unmittelbar aus wenigen Büchern ab *(leider gab es eine Fülle schlechter Bücher, die mich in der Vergangenheit oft in die Irre geführt haben oder die schlicht nicht zu mir gepasst haben).* Hier suche ich mir die für mich praktikablen einzelnen Ansätze zusammen und verbinde sie zu meiner Methode. Es ist also alles nur geklaut und dann aber neu zusammengefrickelt. Diese Bücher werde ich immer wieder zur Hand nehmen und zusätzliche Bücher nur noch sehr vorsichtig einbauen, um zu verhindern, dass ich mich immer nur auf der Suche befinde und damit mein schlechtes Trading entschuldige.

Bollinger-Bänder von John Bollinger (Finanzbuchverlag)
Der Meister gibt einen Einblick in die Welt der Bollinger Bänder. Hierher kommt die für mein Trading wichtige Erkenntnis, dass der Markt - von einer Volatilität angetrieben - ständig pulsiert. Schwache Bewegungen werden von starken Bewegungen abgelöst und umgekehrt. Wie die Wellen eines Meeres treibt die Volatilität den Markt in Wellen. Immer. Es gibt Wellen up und Wellen down. Nahezu niemals nur up und nur down. Dieses definiere ich als meine Grundprämisse. In der Praxis verwende ich BollingerBänder nur sehr eingeschränkt zur Unterstützung des allgemeinen Bildes.

Top-Trading-Gewinne von Linda Bradford Raschke und Laurence Connors (Börsenverlag)
Nicht vom plakativen Titel abschrecken lassen. Dieses Buch ist eine kompakte Sammlung plausibel dargestellter Tradingansätze, wie sie leider ansonsten häufig fehlen. Ich nutze mehrere dieser Konzepte zumindest im Hinterkopf zur Unterfütterung meiner Markthypothese (holy grail, wolfe wave). Nicht in Reinform aber doch vom Grundgedanken her.

Geheimnisse des Kurzfristtradings von Larry Williams (Finanzbuchverlag).
Jedes Mal, wenn man bei Larry Williams liest, findet man Neues in seinen Büchern. Leider sehr auf den amerikanischen Markt ausgelegt. Aber im Hinblick auf das Chartlesen und das Erkennen von Swings und Gelegenheiten aus dem Chart heraus für mich ein Gott.

Die Tradingakademie von Thomas Vittner (Finanzbuchverlag)
Für die Bücher von Herrn Vittner musste ich mich erst erwärmen. Er schreibt auf den ersten Blick recht schwammig. Man wird aber für seine Geduld belohnt, weil der Autor sich wirklich über die Schulter schauen lässt. Mir hat das Buch sehr geholfen, mich zu einfachen Ansätzen durchzuringen und mich mit Erwartungswerten, CRVs und Gewinnwahrscheinlichkeiten zu beschäftigen.

Das große Buch der Markttechnik und das große Arbeitsbuch der Markttechnik von Michael Voigt (Finanzbuchverlag)
Ich habe nichts über die Dow-Theorie im Detail gelesen und habe daher die Markttechnik-Herangehensweise komplett von Herrn Voigt. Seine Bücher waren wichtig für mein generelles Verständnis von Marktentwicklungen und für meine Stopp-Setzung.

Beruf: Trader von Van Tharp (Finanzbuchverlag).
Für mich bedeutsam im Hinblick auf die enthaltenen Kapitel zur Betrachtung und Bedeutung des initialen Risikos im Zusammenspiel mit Positionsgrößenmanagement. Ansonsten recht viel über Level II und Tapereading, was ich leider nicht verwenden kann und (aus meiner Sicht) zu viel über Psychologie beim Traden, was man woanders besser zu lesen bekommt.

Tools&Tactics für Master Trader von Oliver Velez und Greg Capra (Finanzbuchverlag)
Auch hier ein dämlich reißerischer Titel. Ich habe erst beim 2. Mal lesen gemerkt, was in dem Buch für eine power ist. Leider kann ich bestimmte Dinge nicht verwenden, aber die vorgestellten Tradingsetups und die Art, den Chart lesen zu lernen, werden mich das Buch noch öfter durcharbeiten lassen.

Technische Analyse von Jack Schwager (Finanzbuchverlag)

Das Standardwerk für technische Analyse und ein fettes Arbeitsbuch dazu. Vielleicht etwas ZU fett. Macht das Leben nicht eben leichter ;-)

Technische Analyse mit Candlesticks von Steve Nison (Finanzbuchverlag)
Das Standardwerk zu Candlestickformationen.

Don Chauncey: **„Forex Trading. Forex Technical Analysis/Gann Trading Forex System“** (Amazon kindle eBook). Wie im Text oben erwähnt ein einfaches Tradingsystem mit dem Gann-Fächer. Empfehlenswert.

Steven Primo: **„How to trade Eminis“** (Amazon kindle eBook). Ein Meister des Einfachen! Knapp, klar, wunderbar.

Die vier-Stunden-Woche von Timothy Ferris (Ullstein). Kein Tradingbuch – hat aber meinen Hunger nach einem selbstbestimmten Leben wenn nicht geweckt so doch wieder neu entfacht und ist generell so etwas wie ein Weckruf gewesen, mein Leben in die Hand zu nehmen hin zu mehr echter zeitlicher und wirtschaftlicher Dispositionsfreiheit.

Per Anhalter durch die Galaxis von Douglas Adams (Heyne). Auch kein Tradingbuch – meine Uroma Gretchen sagte aber immer: „Spaß muß sein, sonst geht keiner mit zur Beerdigung“. Und Recht hat sie. Immerhin findet sich in diesem Buch die Antwort auf wirklich ALLE Fragen und die Erkenntnis, dass man im Universum niemals ohne Handtuch reisen sollte. Dieser praktische Reiseführer ist für das Überleben in unserer Galaxis daher einfach unverzichtbar.

Was ich damit sagen will – nichts geht über eine wache aber nicht verkrampfte Herangehensweise an das Trading. Man darf/muß sich daneben auch mit etwas anderem beschäftigen, wenn es nach dem eigenen Regelwerk gerade keinen Trade gibt...

Anhang 3 (Das Wort zum Sonntag – Deine mentale Fitness)

Du hast bis hierher durchgehalten! Danke und Gratulation von ganzem Herzen! Aber was nützen Dir nun Dein ganzer Elan und die viele Arbeit an der Erstellung Deines tollen neuen Tradingplanes, wenn Du Dich ab morgen – wenn Du wieder an das Handeln gehst – im Eifer des Gefechtes nicht an die einzelnen Regeln erinnerst. Oder wenn Du (so wie ich viele Jahre lang) sie zwar erinnerst und sie dann aber trotzdem schlicht erneut ignorierst?

Wir kommen zu einer harten Basis-Wahrheit! Einige Trader mißachten wider besseres Wissen im Alltag vor dem Bildschirm in unendlicher Regelmäßigkeit die Vorgaben des eigenen Tradingsystems. Mit furchtbaren Folgen für Psyche und Geldbeutel. Tradingerfolg hängt neben einem funktionierenden System mit Plan zum überwiegenden Teil leider auch noch von der mentalen Stabilität des Traders ab und diese verbessert man ja nicht mit dem Aufstellen des Tradingplanes automatisch! Erfahrene Trader wissen um die Bedeutung der eigenen Psyche auf den Tradingerfolg. Neu-Tradern ist das oft nicht einsichtig und sie tun diesbezügliche Äußerungen gern als Esoterik oder Folklore ab. Und natürlich gibt es auch einzelne Menschen, die von vornherein mental so gefestigt an das Trading herangehen, dass dieser Aspekt für sie nun wirklich nicht das Problem ist. Für die anderen Fälle – also die Trader, die trotz vorhandenem, exzellenten Tradingplan weiterhin an den Märkten um ihre Profitabilität ringen, möchte ich hier noch einige Anregungen geben.

Wie kann man sein Disziplin-Problem, das wie gesagt leider auch eine Typfrage ist, in den Griff bekommen? Erster Teil ist der Tradingplan, den Du nun bald aufgestellt hast. Zweiter Teil der Übung wird dann sein, diesen konsequent einzuhalten! That simple! Wie nur kann man das aber schaffen? Von mir dazu die folgenden drei Vorschläge zur Diskussion für den Fall, dass Dir Disziplin genauso wenig liegt wie mir (alle anderen dürfen die weiteren Ausführungen gern überspringen):

<u>1) Schließe mit Dir selbst einen Vertrag</u>! Der Vertragstext ist im Wesentlichen Dein erarbeiteter Tradingplan. Binde diesen in einen schönen Einband oder drucke ihn zumindest mit höchster

Druckqualität aus. Unterschreibe Dein Werk mit Deiner Unterschrift. Es war hart genug, Dein Tradingkonzept niederzuschreiben. Du hast dazu alle Ecken Deines Tradings beleuchtet und nun ist der Plan (hoffentlich) einigermaßen rund und praktikabel. Wahrscheinlich schlummert in diesem Werk nun der Weg zu Deinem neuen, glücklicheren Leben bzw. zu Deiner vollständigen Dispositionsfreiheit (je nach persönlicher Zielvorgabe)! Zu mehr Erfolg und persönlicher Vervollkommnung. Frage Dich nun bei jedem Trade, ob Du für einen leichtfertigen Sprung auf einen schnellen Move diese ganze tolle Arbeit mental und auch moralisch entwerten willst. Im Übrigen gibt es bei Vertragsbrüchen Sanktionen. Konventionalstrafen. Du weißt schon. Was wirst Du also zur Strafe tun, wenn Du Dich nicht an Deinen Vertrag mit Dir selbst gehalten hast? Deiner Phantasie sind keine Grenzen gesetzt – es darf richtig weh tun.

<u>2) Flow:</u> Versuche Dich täglich ganz bewusst auf Dein Trading einzustimmen. Geh nicht einfach im Pyjama an den Schreibtisch und hau die großen Zahlen rein, sondern überlege Dir erst eine klare Struktur, die Dir schon vor oder bei der Handelsvorbereitung ermöglicht, Dich in einen konzentrierten „Flow“ zu versetzen, also einen wachen aber gelassenen Arbeitszustand. Es ist wichtig, dass Du Dich nicht in Zugzwang setzen lässt von den Märkten oder Deiner Umwelt. In Deinem Tradingplan hast Du dabei für die formalen Parameter gesorgt (nicht zu hohe Risiken, maximale Tagesverluste, Regeln, usw.). Und mental? Vielen Tradern hilft klassische Musik (ich würde z.B. Scarlattis Klaviersonaten empfehlen) - aber es soll auch Trader geben, die sich ganz bewusst heavy metal geben und dann exzellent im Flow traden. Das kannst nur Du entscheiden, Hauptsache es hilft Dir!
In dem Zusammenhang habe ich für mich selbst übrigens Audio-CDs zum Mentaltraining entdeckt. Weil die Untiefen der eigenen Psyche eben manchmal einfach etwas genauer betrachtet werden müssen. Es gibt im Internet und z.B. auch bei Amazon eine riesige Fülle preiswerter und zum Teil wirklich exzellenter CDs. Ich bin nach einiger Zeit übrigens dazu übergegangen, mir so eine CD selbst zusammenzustellen mit Blick auf meine eigenen Schwachpunkte beim Trading. Das hat extrem geholfen. Ich habe meine Mental-CD für das Trading inzwischen mehrmals überarbeitet und schlussendlich sogar von einem professionellen Sprecher einsprechen lassen, weil es dann auf den Ohren einfach besser rüberkommt. Diese CD höre ich täglich. Am Ende des Buches gibt es einen ergänzenden Hinweis dazu.

3) Bau Dir einen „Selbstmonitor“! Viele Musiker nutzen auf der Bühne einen extra Lautsprecher, der ihnen neben den Instrumenten der Kollegen - frei von den sonstigen Störgeräuschen der Umgebung noch einmal dezidiert das eigene Instrument oder die eigene Stimme aufs Ohr gibt. Dieser Lautsprecher (als Lautsprecherbox auf der Bühne oder auch direkt als Knopf im Ohr) wird Monitor genannt. Sicherlich hast Du in einem Konzert schon einmal erlebt, wie hilflos der Musiker zu seinem Tonmeister am Mischpult hinüberwinkt, und auf seinen persönlichen Monitor/ Lautsprecher deutet, gefolgt vom flehenden Daumen nach oben. Hochdrehen, hochdrehen. Sonst nämlich trifft der Musiker im allgemeinen „Krach“ seine eigenen Töne und Einsätze nicht und in der Folge ist die Darbietung eher etwas für die Katzen – völlig egal, wie gut vorbereitet oder motiviert er war. Weil er „sich nicht hört“...

Hörst DU Dich selbst?
Nimm das Bild von dem Musiker einen Moment länger auf. Der Musiker muß wissen, wie die Dinge um ihn herum liegen. Er muß im Getöse der Zuschauermassen einen Plan für Timing und Einsätze haben. Dazu muß er sich zunächst einmal zwingend selber hören. Nur dann kann er abrufen, was in ihm ist. Nur dann kann er verzaubern und auf Erfolg und Applaus hoffen. Auf Liebe und Reichtum in seinem Künstlerleben.
Wenn Du nun früh aufstehst und in den Spiegel schaust, dann kannst Du Dein Äußeres natürlich kontrollieren und bei Bedarf zurechthübschen. Somit ist Dein Spiegel in gewisser Weise auch eine Art ‚Monitor‘. Aber eben mehr für die Äußerlichkeiten. Dein überwiegend unbewußtes Inneres möchte ich aber mit dem Musiker vergleichen, der sich möglicherweise noch in einem Haufen von Störgeräuschen auf den eigenen Einsatz und die zu spielende Melodie konzentrieren soll. Es ist beinahe egal, was die Störgeräusche in Deiner inneren „Bühne“ im Einzelnen sind (Probleme in der Familie, Existenzsorgen, schwächelnde Gesundheit, Alltagsverpflichtungen, etc.), Fakt ist doch, Du bist ohne geeigneten Monitor trotz aller vorhandenen Fähigkeiten und Qualifikationen irgendwie ... verloren. Wie sollst Du dann erfolgreich und entspannt traden!
Als Selbstmonitoring wurde in der Psychologie die Methode bezeichnet, das Auftreten von Verhaltensstörungen oder Symptomen vom Patienten selbst protokollieren zu lassen. Dahinter steht i.d.R. eine verhaltenstherapeutische Absicht. Und um diese geht es uns hier! Du hast mit Hilfe Deines

Tradingplanes eine persönliche „Zielvorgabe“ für Dein Unterbewusstsein formuliert. DU willst nun (oder solltest wollen), dass Dein innerer Musiker diese Melodie zum Klingen bringt. Dein Unterbewusstsein soll ja mit der unbewußten Selbstsabotage aufhören! Kontinuierlich traden und den Tradingplan einhalten! Das ist das Ziel! Baue Deinem inneren Selbst daher einen eigenen Monitor zur Unterstützung! Ein „Feedback an Dein Selbst“ sozusagen. Dann wird die Melodie hörbar werden für Dich und für Deine Umgebung. Wie?
Sobald Du Dir darüber klar geworden bist, wie Du als Trader idealerweise leben möchtest, werden Dir die kleinen Tücken und Sabotageakte des Alltags bewusst werden. Hör auf, frustriert andere für Dein Schicksal verantwortlich zu machen, sondern widme Dich von nun an dem Teil der Tücken des Alltags, für den Du mitverantwortlich bist. Weil Du permanent im Alltag Deine guten Vorsätze vergisst. Weil Du Dich verzettelst und die wichtigen Dinge aus den Augen verlierst.
Lange Rede kurzer Sinn. Es ist ganz einfach: Mache Dir eine einfache Liste mit 20-30 Zeilen und mit 30 oder 31 Spalten.
In die Spalten kommen die Tage des aktuellen Monats.
In die Zeilen trägst Du kleine Tagesaufgaben, Vorhaben, Vorlieben ein, von denen Du weißt, dass sie Dir helfen, Dein Inneres aufzumuntern. Dinge, die Dir wichtig sind.

Worum geht es MIR bei meinem eigenen Selbstmonitoring? Ich habe für mich festgestellt, dass ich vom Typ her eine klare Struktur benötige. Somit erinnere ich mich mit Hilfe meines Monatsblattes jeden Tag ganz dezidiert an die kleinen Aufgaben (Tasks) und Momente, die mich erfahrungsgemäß zufriedener mit mir selbst machen und erfolgreich durch den Tag und durch die Beziehungen führen. Was möchte ich öfter tun? Was sollte ich reduzieren?

Es gibt dieses Sprichwort: „Auch ein großer Elefant wird mit kleinen Löffeln gegessen“. Ganz genau so erreiche ich mein persönliches Glück: in kleinen Schritten. Und weil ich im Alltag die Dinge gern vergesse, die ich für mich eigentlich als wichtig erachte (das kann bei Dir etwas ganz Anderes sein) und die meine Lebenqualität und Zufriedenheit ausmachen, stupse ich mich jeden Tag mit dieser Liste an und erledige, was zu erledigen ist.
Klar kann man sich streiten, was es bedeutet, wenn man sich den besonderen Moment im Kalender anstreichen und/oder extra vornehmen muß. Ich habe die Erfahrung gemacht, dass es

zumindest bei mir sehr wohl einen Unterschied macht. Vom Typ her bin ich mit so unendlich vielen Ideen und Flausen und Projekten im Kopf zugedröhnt, dass ich darüber glatt vergesse, mich um meine Frau oder meine Kinder zu kümmern. Obwohl ich sie liebe. Wenn ich das also bewusst über den Selbstmonitor steuere und kontrolliere, läuft die Beziehung viel besser. Es geht darum, dass man sich Zeit nimmt (Kreuzchen) oder mal ein Buch bei Amazon bestellt (Kreuzchen) oder einen Ausflug plant (Kreuzchen). Im Ergebnis wird man Schritt für Schritt achtsamer und man bekommt dann viel zurück! Und das hilft mir dann auch für mein Trading, weil es den Kopf frei räumt.

> Wichtig: Es ist keine Pflicht, jeden Tag in jeder Zeile ein Kreuzchen zu machen! Im Gegenteil. Aber es gibt das Bedürfnis am Ende jeden Tages eine bestimmte Anzahl Kreuze setzen zu können. Je mehr Kreuze ich über den Tag verteilt gesammelt habe (nicht schummeln!), umso zufriedener fühle ich mich. Absurd einfach und dennoch wirkungsvoll.

Anbei mein aktueller „Selbstmonitor“, während ich dies schreibe. Bitte habe Verständnis, wenn ich es im Detail nun aber nicht mehr weiter ausführe. Es geht mir nur darum, Dir vielleicht eine Anregung zu geben, weil ich weiß, wie verdammt schwer es ist, als Trader auf die Gewinnerseite zu wechseln, wenn man sich tagtäglich verzettelt. Diese tägliche Kontroll-Liste hat mir sehr geholfen! Vielleicht kann sie das bei Dir ja auch und ist der fehlende Mosaikstein, der in Deinem Gesamtbild noch fehlt? Es kostet nichts, es einfach einmal auszuprobieren.

Dez	17	18	19	20	21	22	23	24	25	26	2
Ho Selbstmonitor	So	Mo	Di	Mi	Do	Fr	Sa	So	Mo	Di	M
30 Liegestütze oder Dips											
10 Klimmzüge			X								
40 Swings oder Kniebeugen			X								
sonstiger Sport (DL, Joggen, Boot)				X							
Obst											
Nutrition			X								
Tee/Wasser 2l											
1 healthy meal		X									
Motivation/Meditation		X								X	
Trading Vorbereitung W01, D01			X		X	X					
S&D Level H04, H01 Analyse			X							X	
Disziplin Trademanagement											
Stopps geachtet			X			X				X	
Einhaltung Tradingplan /Konzentration!!			X	X		X				X	
Tradingerfolg					X	X				X	
1 task Abw. Animaxx/Schacks			X	X	X						
1 task Weiterbildung trading										X	
1 Task garageband-CDs											
1 task Wohnung					X			X			
1 task Zimmer						X		X			
1 task allg. Bürokratie		X		X							
1 thing a day (throw it away)											
1 special Moment Trixi						X	X	X	X		
1 special moment Kids			X			X			X	X	
1 moment Freunde (sms/Treffen, Tel)											
parents/parents in law							X				
1 special Moment Bildung/Kultur											
Spaziergang/rest/nap		X		X	X		X				
Bienen											
Garten											
no adult content											
no Eichelburg											
finish before 23:00											
nachrichtlich: Computer-time?											
subjektiv: zufrieden mit Tag?			✓	✓			./.	./.		✓	

Abbildung 8: Mein „Selbstmonitor" vom Dez. 2015. Bitte beachte, dass es sich im wahren Leben um ein A4-Blatt quer handelt (Excel-Tabelle). Für die bessere Darstellung wurden die noch leeren, weiteren Spalten (für die 31 Tage des Monats) ausgeblendet.

Schlussworte/ Disclaimer

Man kann beim Traden sehr viel Geld verlieren! Du solltest Dich nicht ohne stabile Ausbildung an die Märkte wagen. Dieses Buch stellt kein unfehlbares Erfolgsrezept für jedermann vor sondern soll Dir Anregungen geben, Dich selbst diszipliniert an das Thema heranzuwagen. Eine Haftung für von Dir beim Trading erlittene Verluste wird explizit ausgeschlossen. Lerne das Trading mit Deinem eigenen Tradingplan unbedingt zunächst mit Demo-Konten, welche die meisten Broker/Anbieter kostenlos zur Verfügung stellen.

Sofern Dir das Buch einige Anregungen geben konnte, würde ich mich wirklich sehr über eine Bewertung bei Amazon freuen. Bitte berücksichtige bei Deiner Bewertung auch das aus meiner Sicht faire Preis-Leistungs-Verhältnis. Ich habe mir wirklich Mühe gegeben.

Ich freue mich über ein persönliches Feedback.
Mit vielen Grüßen Tamash Trader: tamash4LE@gmail.com

Produkthinweis für den Fall, dass auch Du bei Dir die Erfahrung gemacht hast, dass Dein Tradingerfolg stark von Deiner Psyche und mentalen Stabilität beeinflusst wird (das ist aus meiner Sicht eine Typfrage und muß auf Dich nicht zutreffen):

Meine CD zur mentalen Vorbereitung der Handelssitzung (Gesamtspieldauer ca. 47 min) versteht sich als Ergänzung und Abrundung zu diesem kleinen Buch. Sie ist auch unabhängig davon nutzbar für alle (Day-)Trader mit eigenem, konsistenten Handelsansatz - idealerweise diskretionär und chartbasiert. Die CD führt zu entspannter Musik durch eine sinnvolle, tägliche Handelsvorbereitung und rekapituliert immer wieder wichtige, hilfreiche Glaubenssätze rund um ein zufriedenes, erfolgreiches Leben als Trader. Sie hilft Dir, Dich auf Dein Trading zu fokussieren und in einen Flow zu kommen. Dies wird Dir helfen, die Regeln Deines Tradingplans immer besser zu beachten und kontinuierlicher mit Erfolg zu traden.

- Bei Interesse kannst Du die Audio-CD bei Amazon bestellen (UPC 889290622310) oder mit Kundenrabatt für nur 12,- Euro Schutzgebühr inkl. Versand auch bei mir direkt bestellen (siehe eMail-Adresse).

- Für 6,- Euro Handling- und Schutzgebühr kannst Du alternativ die Audio-Tracks der CD im mp3-Format als downloadlink bei mir ordern. Das ist dann gut für den mp3-Player - höre die Audio-Tracks einfach nebenbei beim traden, joggen, paddeln, etc.

10608290R00032

Printed in Germany
by Amazon Distribution
GmbH, Leipzig